# Carte du monde de la Francophonie

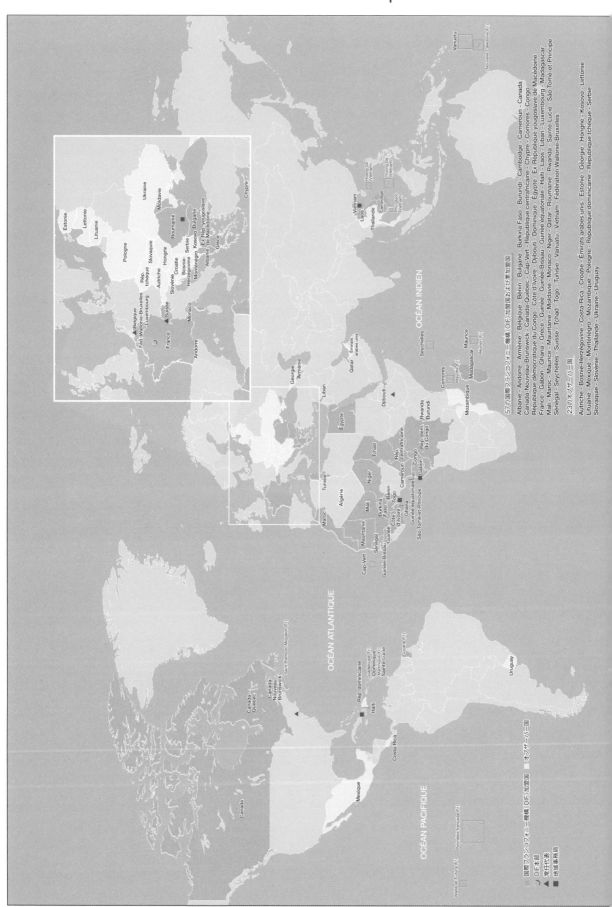

# Carte de France

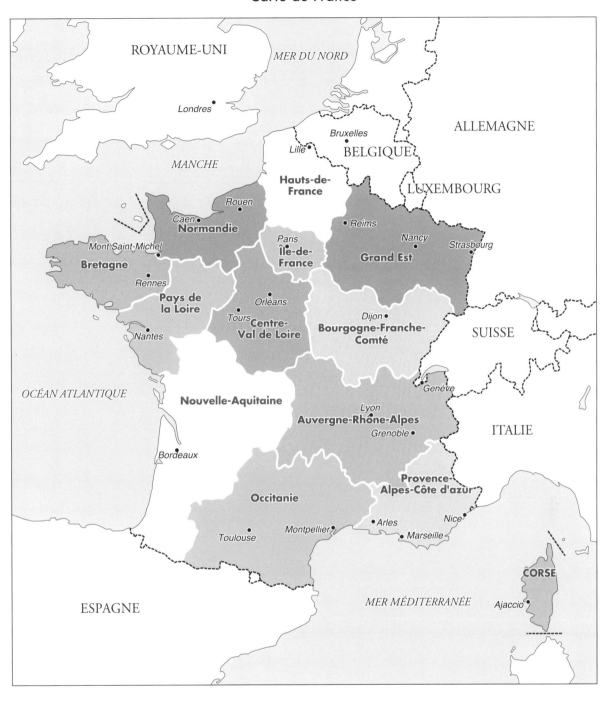

ROYAUME-UNI

MER DU NORD

ALLEMAGNE

Londres

Bruxelles

Lille

BELGIQUE

LUXEMBOURG

MANCHE

Hauts-de-France

Rouen

Caen

Normandie

Reims

Nancy

Strasbourg

Mont Saint-Michel

Paris
Île-de-France

Grand Est

Bretagne

Rennes

Pays de
la Loire

Orléans

Tours

Centre-
Val de Loire

Dijon

Bourgogne-Franche-
Comté

SUISSE

Nantes

OCÉAN ATLANTIQUE

Nouvelle-Aquitaine

Genève

Lyon

Auvergne-Rhône-Alpes

ITALIE

Grenoble

Bordeaux

Provence-
Alpes-Côte d'azur

Occitanie

Arles

Nice

Montpellier

Marseille

Toulouse

CORSE

ESPAGNE

MER MÉDITERRANÉE

Ajaccio

フランスの地域圏（régions）は、2016年1月に22から
13に再編されました。またその後、Occitanie、Grand
Est、Nouvelle-Aquitaine、Hauts-de-France という新た
な名称も生まれました。上記の13の地域圏に加えて、さ
らに5つの海外地域圏── Guadeloupe、Martinique、
Guyane、La Réunion、Mayotte──があります。

# Liaison 2

**Hiroshi Matsumura**
**Eddy Van Drom**

Hakusuisha

──── 音声ダウンロード ────

 この教科書の音源は白水社ホームページ（www.hakusuisha. co.jp/download/）からダウンロードすることができます（お問い合わせ先：text@hakusuisha.co.jp）。

| 装幀・本文デザイン | 岡村 伊都 |
| イラスト | ツダ タバサ |
| 音声ナレーション | Malvina LECOMTE　Fabien CHERBONNET |

# はじめに

　このテキストは、フランス語の初歩の知識をさらに発展させ、より広範囲な文法や語彙を身につけるだけではなく、それらの知識を日常会話や文章の読解へと大きく広げていくことを目標にしています。過去や未来の表現など、使える文法知識をさらに増やしていくことに加え、各課の最後にはいろいろな場面を想定した会話コーナーを設けました。また前半と後半の最後には少し長めの読解文も取り入れています。

　「リエゾン liaison」（関連、きずな）というタイトルが示す通り、これまで学んだ知識がお互いにつながり合い、会話や日常生活に活かされていくことを、またさらに多くの人々との交流へとつながっていくことを心から願っています。

2023年秋　著者

# 目次　table des matières

# つづりと発音のガイド

フランス語ではつづりと発音の対応関係がはっきりと決まっています。ここにあるルールをひと通り身につければ、フランス語の単語を正しく発音できるようになります。

## ■ 単母音字の発音

○001

| | | | |
|---|---|---|---|
| a, à, â | ア | [a] | avril 4月　　gâteau ケーキ |
| e | ウ | [ə/ 無音 ] | cheval 馬　　petit 小さな |
| | エ | [ɛ/e] | lettre 手紙　　tennis テニス |
| -e（語末）* | 発音しない | | facile 簡単な　　monde 世界 |

　＊ただし je や le のような1音節の単語の語末ではウ [ə] と発音します。

| | | | |
|---|---|---|---|
| é | 鋭いエ | [e] | étudiant 学生　　téléphone 電話 |
| è, ê | ゆるいエ | [ɛ] | frère 兄・弟　　tête 頭 |
| i, î, y | イ | [i] | midi 正午　　dîner 夕食　　stylo ペン |
| o, ô | オ | [ɔ/o] | orange オレンジ　　tôt 早く |
| u, û | ユ | [y] | bus バス　　sûr 確かな |

◆ フランス語の**アクサン**（アクセント記号）はつづりの一部なので省略できません。[ ´ ] は**アクサン・テギュ**（accent aigu）、[ ` ] は**アクサン・グラーヴ**（accent grave）、[ ^ ] は**アクサン・シルコンフレックス**（accent circonflexe）と呼ばれます。

## ■ 複母音字の発音

○002

| | | | |
|---|---|---|---|
| ai, ei | エ | [ɛ] | maison 家　　neige 雪 |
| au, eau | オ | [o] | chaud 暑い　　bateau 船 |
| eu, œu | 広いウー | [œ] | fleur 花　　œuf 卵 |
| | または 狭いウー | [ø] | bleu 青い　　euro ユーロ |
| oi, oî | ワ | [wa] | moi 私　　boîte 箱 |
| ou, où, oû | ウ | [u] | rouge 赤い　　où どこに　　août 8月 |

## ■ 鼻母音の発音

○003

鼻母音は、口をふさがずに鼻に響かせて発音します。

| | | | |
|---|---|---|---|
| an, en, am, em | アン | [ɑ̃]（アンとオンの中間） | grand 大きな　　enfant 子ども |
| in, im* | アン | [ɛ̃]（イの口でアンという） | jardin 庭　　important 重要な |

　＊ yn, ym, ain, aim, ein, eim も同じ [ɛ̃] の発音です。　　demain 明日　　sympathique 感じのよい

| | | | |
|---|---|---|---|
| un, um | アン | [œ̃*/ɛ̃]（アンとウンの中間） | lundi 月曜　　parfum 香り、香水 |

　＊今日では [œ̃] の発音はたいてい [ɛ̃] で代用されます。

| | | | |
|---|---|---|---|
| on, om | オン | [ɔ̃] | bon よい　　combien いくつ、いくら |

◆ この他に、**ien** はイアン [jɛ̃] の発音、**oin** はワン [wɛ̃] の発音になります。bien よく　　loin 遠くに

◆ n, m のうしろに母音がくると、鼻母音の発音にはなりません。animal 動物　　dimanche 日曜

## ■ 子音字の発音

▶004

**語末の子音**は原則として発音されません。　Paris パリ　　chat 猫

ただし語末の **c, r, f, l** は多くの場合発音されます（**careful** と覚える）。　sac カバン　　ciel 空

| c | ク | [k]（a, o, u の前） | café コーヒー　　école 学校 |
| | または ス | [s]（e, i, y の前） | cinéma 映画　　concert コンサート |
| ç* | ス | [s]（a, o, u の前） | français フランスの　　garçon 少年 |

　　*この c の下につけられた記号は**セディーユ** (cedille) と呼ばれます。

| ch | シュ | [ʃ] | chance チャンス　　chocolat チョコレート |
| g | グ | [g]（a, o, u の前） | gare 駅　　légume 野菜 |
| | または ジュ | [ʒ]（e, i, y の前） | voyage 旅行　　garage ガレージ |
| gn | ニュ | [ɲ] | montagne 山　　espagnol スペインの |
| gu | グ | [g]（e, i, y の前） | langue 言語　　guitare ギター |
| h* | 発音しない | | hôtel ホテル　　harpe ハープ |

　　*前の語とリエゾン、アンシェヌマン、エリジオンする**無音の h** と、それらをしない**有音の h** があります。

| il | イル | [il] 母音のあとでイユ [ij] | facile 簡単な　　soleil 太陽 |
| ill | イユ | [(i)j] たまにイル [il] | fille 少女、娘　　ville 町 |
| q, qu | ク | [k] | cinq 5　　musique 音楽 |
| s | スまたはズ | [s] / [z]（母音にはさまれた s） | sport スポーツ　　saison 季節 |
| ss | ス | [s] | adresse 住所　　poisson 魚 |

## ■ リエゾン、アンシェヌマン、エリジオン

▶005

**リエゾン** (liaison 連音)　もともと**発音されない**語末の子音字を、うしろに母音が来たときにつなげて発音すること。　les étoiles 星　　elles étudient 彼女らは勉強します

**アンシェヌマン** (enchaînement 連読)　もともと**発音される**語末の子音字を、うしろに母音が来たときにつなげて発音すること。　avec un crayon 鉛筆で　　il achète 彼は買います

**エリジオン** (élision 母音字省略)　母音字または無音の h で始まる語の前で、最後の母音字が省略されて**アポストロフ** (') (apostrophe) に変わること。　l'école その学校　　j'ai 私は持っています

## ■ 句読記号、つづり字記号など

| . | ポワン | point | ピリオド |
|---|---|---|---|
| , | ヴィルギュール | virgule | コンマ |
| ? | ポワン・ダンテロガシオン | point d'interrogation | 疑問符 |
| ! | ポワン・デクスクラマシオン | point d'exclamation | 感嘆符 |
| - | トレ・デュニオン | trait d'union | ハイフン |
| – | ティレ | tiret | ダッシュ |
| « » | ギュメ | guillemet | 引用符（英語の " " は通常使われません） |

7

# 1 Qu'est-ce que tu fais le weekend ?

▶006

> **A** : Qu'est-ce que tu fais le weekend ? 君は週末は何をしてるの？
>
> **B** : J'écoute de la musique chez moi. 家で音楽を聴いているよ。
>
> ......................................................................................
>
> **A** : Où est-ce que vous êtes allée hier ? 昨日はどこに行きましたか？
>
> **B** : J'ai visité le musée du Louvre. ルーヴル美術館を見に行きました。

## ■ 動詞の現在形の復習

フランス語の勉強をさらに進めていく前に、これまで習った基本的な動詞の現在形を復習しておきましょう。まずは **-er** で終わる第1群規則動詞と、**-ir** で終わる第2群規則動詞の活用から見ておきます。

▶007

| trouver（見つける）［第1群規則動詞］ | |
|---|---|
| je trouve | nous trouv**ons** |
| tu trouv**es** | vous trouv**ez** |
| il trouve | ils trouv**ent** |
| elle trouve | elles trouv**ent** |

| choisir（選ぶ）［第2群規則動詞］ | |
|---|---|
| je chois**is** | nous chois**issons** |
| tu chois**is** | vous chois**issez** |
| il chois**it** | ils chois**issent** |
| elle chois**it** | elles chois**issent** |

第1群規則動詞の中には acheter（買う）、appeler（呼ぶ）、commencer（始める）などのようにやや変則的な活用をするものもあるので注意しましょう。

次に不規則動詞の中でもとくに日常的に使われる **être** と **avoir** の活用を復習します。

▶008

| être（ある、いる、〜である） | |
|---|---|
| je **suis** | nous **sommes** |
| tu **es** | vous **êtes** |
| il **est** | ils **sont** |
| elle **est** | elles **sont** |

| avoir（持っている） | |
|---|---|
| j' **ai** | nous **avons** |
| tu **as** | vous **avez** |
| il **a** | ils **ont** |
| elle **a** | elles **ont** |

✏️ 日本語に合うように、[　　　]の動詞を活用させましょう。　　　　　　　　　▶009

1) ルイはレストランで働いています。　Louis ＿＿＿＿＿＿＿ dans un restaurant. [travailler]

2) 君はどの歌が好き？　　　　　　　Tu ＿＿＿＿＿＿＿ quelle chanson ? [préférer]

3) 彼らは6時に仕事を終えます。　　　Ils ＿＿＿＿＿＿＿ leur travail à six heures. [finir]

4) あなたは医者ですか？　　　　　　Vous ＿＿＿＿＿＿＿ médecin ? [être]

それ以外の不規則動詞の多くは次のような基本パターンに従って活用します。またその基本パターンから少し変則的な活用になる動詞もいくつかあります。ここでは不規則動詞の基本パターンであるpartir の活用を挙げておきましょう。

| 不規則動詞の基本パターン | | ▶010 |
|---|---|---|
| je ——s | nous ——ons | |
| tu ——s | vous ——ez | |
| il ——t | ils ——ent | |
| elle ——t | elles ——ent | |

| partir （出発する） | |
|---|---|
| je pars | nous partons |
| tu pars | vous partez |
| il part | ils partent |
| elle part | elles partent |

不規則動詞の中でも aller（行く）や faire（する、作る）はとくに変則的な活用をするので活用表でよく確認しておきましょう。

最後に原形に再帰代名詞 se がつく代名動詞の活用を復習しておきます。se は主語に応じて形が変化していきますが、主語と再帰代名詞の組み合わせ（je me, tu te ...）は常に同じなのでそこをまず覚えます。　　　　　　　　　　　　　　　　　　　　　　　　　　　　　　　　　　▶011

| se reposer （休む） | |
|---|---|
| je me repose | nous nous reposons |
| tu te reposes | vous vous reposez |
| il se repose | ils se reposent |
| elle se repose | elles se reposent |

| s'appeler （〜という名前である） | |
|---|---|
| je m'appelle | nous nous appelons |
| tu t'appelles | vous vous appelez |
| il s'appelle | ils s' appellent |
| elle s'appelle | elles s' appellent |

✏️ 日本語に合うように、[　　　]の動詞を活用させましょう。　　　　　　　　　▶012

1) 私たちはバスを待っています。　　　Nous ＿＿＿＿＿＿＿ le bus. [attendre]

2) 彼女は市場で買い物をします。　　　Elle ＿＿＿＿＿＿＿ ses courses au marché. [faire]

3) 私は夜中の12時に寝ます。　　　　　Je ＿＿＿＿＿＿＿ à minuit. [se coucher]

4) あなたは映画に興味はありますか？　Vous ＿＿＿＿＿＿＿ au cinéma ? [s'intéresser]

## ■ 複合過去の復習

最も日常的に使われる過去形である複合過去を復習しましょう。複合過去は文脈によって完了、継続、経験など英語の現在完了のような意味も表します。

複合過去は**助動詞 avoir** または **être** に動詞の**過去分詞**を組み合わせて作ります。助動詞に être が使われるのは、場所の移動や状態の変化を表す動詞の場合です。それぞれの形を見ておきましょう。

▶️013

| chanterの複合過去「歌った」 | |
|---|---|
| j'ai chanté | nous avons chanté |
| tu  as chanté | vous avez chanté |
| il a chanté | ils ont chanté |
| elle a chanté | elles ont chanté |

| arriverの複合過去「着いた」 | |
|---|---|
| je suis arrivé(e) | nous sommes arrivé(e)s |
| tu es arrivé(e) | vous êtes arrivé(e)(s) |
| il est arrivé | ils sont arrivés |
| elle est arrivée | elles sont arrivées |

être を使う複合過去の場合、過去分詞が主語に**性・数の一致**をすることに注意しましょう。主語が**女性**の場合には過去分詞の語尾に **-e** が、**複数**なら **-s** が、**女性・複数**なら **-es** がつきます。

主な動詞の**過去分詞**形を挙げておきましょう。＊印のついた動詞は être を使って複合過去を作るものです。

▶️014

| 原形 | | 過去分詞 | 原形 | | 過去分詞 | 原形 | | 過去分詞 |
|---|---|---|---|---|---|---|---|---|
| parler | 話す | parlé | finir | 終える | fini | être | 〜である | été |
| avoir | 持っている | eu | faire | する、作る | fait | prendre | 取る | pris |
| attendre | 待つ | attendu | aller* | 行く | allé | sortir* | 外出する | sorti |
| venir* | 来る | venu | devenir* | なる | devenu | naître* | 生まれる | né |

**代名動詞**も être を使って複合過去を作ります。またこの場合も過去分詞は主語に**性・数の一致**をします（ただし再帰代名詞 se が動詞の直接目的補語の場合のみ）。

▶️015

| se leverの複合過去「起きた」 | |
|---|---|
| je me suis levé(e) | nous nous sommes levé(e)s |
| tu t'es levé(e) | vous vous êtes levé(e)(s) |
| il s'est levé | ils se sont levés |
| elle s'est levée | elles se sont levées |

## Exercices

日本語に合うように、[　　] の動詞を複合過去に活用させてください。　　▶️016

1) 私たちは一緒に料理をしました。　Nous ＿＿＿＿＿＿＿＿ la cuisine ensemble. [faire]

2) クララは昨日私たちの家に来ませんでした。Clara n' ＿＿＿ pas ＿＿＿＿ chez nous hier. [venir]

3) 私はいいホテルを見つけました。　J' ＿＿＿＿＿＿＿ un bon hôtel. [trouver]

4) ジャックは公園を散歩しました。　Jacques ＿＿＿＿＿＿＿ dans le parc. [se promener]

5) その少女たちは京都へと出発しました。　Ces filles ＿＿＿＿＿＿＿ pour Kyoto. [partir]

## Le français en scène　自己紹介　La présentation

### Dialogue

▶017

*Marc* : Salut, je m'appelle Marc. Et toi ?

*Laura* : Moi, c'est Laura. Tu étudies quoi ?

*Marc* : La médecine. Je suis en première année. Et toi ?

*Laura* : Je suis en deuxième année de langues étrangères.

*Marc* : C'est bien. Et tu parles quelles langues ?

*Laura* : J'étudie l'anglais et l'espagnol.

*Marc* : Excellent ! Moi, je suis faible en langues, je préfère les sciences.

### Vocabulaire

▶018

nom 名前、姓　　prénom 名前、ファーストネーム　　âge 年齢　　nationalité 国籍　　langue 言語
études 研究　　passe-temps 趣味　　projet 計画　　culture 文化　　sport スポーツ
musique 音楽　　art 芸術　　voyage 旅行

### Phrases utiles

▶019

Bonjour, je m'appelle Hayato, et toi ?　こんにちは。僕の名前はハヤト。君は？

Salut, comment tu t'appelles ?　やあ、君の名前は何ていうの？

D'où viens-tu ?　君の出身はどこ？

Qu'est-ce que tu étudies ?　何を勉強してるの？

Qu'est-ce que tu fais comme loisirs ?　暇な時は何をするの？

Quel est ton passe-temps favori ?　君の趣味は何？

Est-ce qu'on sort pour prendre un café ?　外でコーヒーでも飲まない？

# 2  Tu veux entrer dans ce café ?

▶020

A : **Tu veux entrer dans ce café ?**　このカフェに入りたいの？

B : **Oui. On peut se reposer un peu.**　うん、少し休んでいこうか。

A : **Avez-vous acheté des billets de concert ?**
コンサートのチケットはお買いになりましたか？

B : **Oui, j'en ai acheté deux.**　はい、2枚買いました。

## ■ 動詞 vouloir, pouvoir, devoir の活用と用法

ここでは **vouloir**（〜がほしい、〜したい）、**pouvoir**（〜できる）、**devoir**（〜しなければならない）の活用と用法を学びます。これらの動詞はうしろに動詞の原形（不定形）を伴うという共通点があります。

### 1) vouloir の活用と用法

▶021

| vouloir （〜がほしい、〜したい） ||
|---|---|
| je veux | nous voulons |
| tu veux | vous voulez |
| il veut | ils veulent |
| elle veut | elles veulent |

Je **veux** un peu de sucre.
砂糖が少しほしいです。

Ils **veulent** voyager à l'étranger.
彼らは外国に旅行に行きたがっています。

vouloir は英語の want に相当する動詞で、うしろに名詞の目的補語を伴うと「〜がほしい」、うしろに動詞の原形（不定形）がくると「〜したい」という意味になります。

◆ **Je voudrais** は「〜がほしいのですが、〜したいのですが」と、ていねいに相手に希望を伝える表現です（voudrais は vouloir の条件法現在形という活用形です→ Leçon 8）。

　　Je **voudrais** prendre un dessert.　デザートを取りたいのですが。

◆ **Voulez-vous ... ?** は「〜してもらえますか？」と、相手に何かを頼む表現になります。

### 2) pouvoir の活用と用法

▶022

| pouvoir （〜できる） ||
|---|---|
| je peux | nous pouvons |
| tu peux | vous pouvez |
| il peut | ils peuvent |
| elle peut | elles peuvent |

Il **peut** venir travailler demain.
彼は明日仕事に来られます。

Vous **pouvez** utiliser cette salle.
この部屋を使ってもいいですよ。

pouvoir は英語の can に相当する動詞で、うしろに動詞の原形（不定形）を伴って『〜できる』という意味になります。また『〜してもいい』と許可の意味を表すこともあります。

◆ ある能力を身につけているという意味の「〜できる」は、動詞 savoir を使います。

> Elle *sait* lire et écrire l'allemand.　　彼女はドイツ語の読み書きができます。

◆ (Est-ce que) je peux ... ? は『〜してもいいですか？』と相手に許可を求める言い方になります。

◆ Pouvez-vous ... ? は『〜していただけますか？』と相手に何かを依頼する表現になります。

> *Pouvez-vous* m'accompagner à la gare ?　　駅まで一緒に来ていただけますか？

## 3) devoir の活用と用法　　◉023

| devoir（〜しなければならない） ||
|---|---|
| je dois | nous devons |
| tu dois | vous devez |
| il doit | ils doivent |
| elle doit | elles doivent |

> Tu *dois* partir tout de suite.
> 君はすぐ出発しなくてはいけないよ。
> Vous ne *devez* pas regarder la télévision.
> テレビを見てはいけません。

devoir は英語の must に相当する動詞で、うしろに動詞の原形（不定形）を伴って『〜しなければならない』という意味を表します。また『〜にちがいない』という意味を表すこともあります。

◆ Il faut ... もうしろに動詞の原形を伴って『〜しなければならない』の意味を表します。この Il は非人称の主語でつねに形は変わりません。またうしろに名詞がくると『〜が必要だ』の意味になります。

> *Il faut* prendre le métro.　　地下鉄に乗らなくてはいけません。

🖉 日本語に合うように、[　　　　]の動詞を活用させましょう。　　◉024

1) 紅茶、ほしい？　　Est-ce que tu ............................ du thé ? [vouloir]

2) 窓を開けてもらえますか？　　............................-vous ouvrir la fenêtre ? [vouloir]

3) 夕食の準備をお手伝いできますよ。

Je ............................ vous aider à préparer le dîner. [pouvoir]

4) 子どもたちは10時に寝なくてはいけません。

Les enfants ............................ se coucher à dix heures. [devoir]

## ■ 中性代名詞 en, y, le の用法　　◉025

性・数で区別される目的補語や強勢形の代名詞に対して、性・数に左右されない代名詞を中性代名詞といいます。フランス語では en, y, le の３つがあり、いずれも動詞の前に置かれます。

### 1) en

1. 不定冠詞・部分冠詞に導かれる不特定な直接目的補語の名詞を受け、『それを』の意味を表します。

> Vous voulez encore du café ?　　– Oui, j'*en* veux bien.
>
> 「もう少しコーヒーをいかがですか？」「はい、いただきます」

◆ en はよく**数量を表す語句**とともに用いられ、**「それを（どれだけ）」**の意味を表します。

> Il y a des hôtels dans ce quartier ?　– Oui, il y **en** a *deux* [*beaucoup*].
>
> 「この界隈にホテルはありますか?」「はい、2軒 [たくさん] あります」

2. 前置詞 **de** に導かれる語句を受け、**「それの（から、を）」**などの意味を表します。

> Je ne peux pas te prêter mon vélo. J'**en** ai besoin.　(< avoir besoin de ... )
>
> 君に僕の自転車を貸すことはできないよ。僕はそれが必要なんだ。

## 2) y

1. 場所を表す語句を受け、**「そこに、そこへ」**の意味を表します。

> Elle va à l'aéroport en train ? — Non, elle **y** va en bus.
>
> 「彼女は電車で空港に行くのですか?」「いえ、彼女はそこにバスで行きます」

2. 前置詞 **à** に導かれる語句を受け、**「それに」**などの意味を表します。

> Vous m'avez envoyé un e-mail ? Alors, je vais **y** répondre plus tard.
>
> 私にメールを送ってくださいましたか?　ではのちほどお返事します。

## 3) le

◆ 直接目的補語の三人称男性単数の le（「彼を、それを」→『リエゾン1』pp.52-53）と形は同じですが、中性代名詞の le は性・数の区別には関係ありません。

1. 前に出てきた事実や内容などを受け、**「そのことを」**の意味を表します。

> Marie vient demain à Osaka.　– Oui, je **le** sais.
>
> 「マリーが明日大阪に来るんだって」「うん、それは知ってるよ」

2. **être** や **devenir** に続く属詞の形容詞や名詞を受けます。

◆ この場合も形容詞や名詞の性・数に関係なく形は le のままです。

> Elles sont fatiguées ?　– Non, elles ne **le** sont pas tellement.
>
> 「彼女たちは疲れていますか?」「いいえ、それほど疲れていません」

🖉 日本語に合うように、（　）に中性代名詞 en, y, le のどれかを入れましょう。　▶026

1) 私はスペインが大好きで、いつか旅行に行きたいです。

> J'adore l'Espagne et je voudrais bien (　　　) voyager un jour.

2) 「マンガは持ってますか?」「はい、たくさん持っています!」

> Vous avez des mangas ?　– Oui, j'(　　　) ai beaucoup !

3) 明日フランス語の試験だって!　知ってる?

> Il y a un examen de français demain ! Tu (　　　) sais ?

4) 彼は家で猫を飼っていて、よくその話をします。

> Il a un chat chez lui et il (　　　) parle souvent.

## Le français en scène ホテル L'hôtel

### Dialogue
▶027

| | |
|---|---|
| *Réceptionniste* | : Bonjour, bienvenue à l'hôtel des Rêves. |
| *M. Dupont* | : Bonjour, j'ai réservé une chambre pour deux nuits. |
| *Réceptionniste* | : Pourriez-vous me donner votre nom, s'il vous plaît ? |
| *M. Dupont* | : Oui, je m'appelle Jean Dupont. |
| *Réceptionniste* | : Merci, M. Dupont. |
| | Voici votre clé, vous êtes chambre 306. |
| *M. Dupont* | : Merci. À quelle heure est le petit déjeuner ? |
| *Réceptionniste* | : Il est servi de 7h à 10h. Passez un bon séjour ! |

### Vocabulaire
▶028

chambre 部屋　　réservation 予約　　réception フロント、受付　　clé 鍵

check-in チェックイン　　check-out チェックアウト　　arrivée 到着　　départ 出発　　tarif 料金

lit ベッド　　salle de bains 浴室　　douche シャワー　　ascenseur エレベーター

bagages 荷物　　serviette タオル　　savon 石けん　　petit déjeuner 朝食

### Phrases utiles
▶029

Je voudrais réserver une chambre pour ce soir.　今晩ひと部屋を予約したいのですが。

J'ai réservé une chambre pour ce soir au nom de Tanaka.

タナカの名前で今晩部屋を予約してあります。

Est-ce que vous avez une chambre avec douche ?　シャワー付きの部屋はありますか？

Est-ce que je peux avoir une chambre avec vue sur la mer ?

海が眺められる部屋にしてもらえますか？

Où se trouve ma chambre, s'il vous plaît ?　私の部屋はどこですか？

Est-ce que le petit déjeuner est compris dans le tarif ?　朝食は料金に含まれていますか？

À quelle heure est le check-out ?　チェックアウトは何時ですか？

Où est la salle de petit déjeuner ?　朝食の部屋はどこですか？

# 3

# Je serai à Paris dans une semaine.

> **A : Quand est-ce que tu viendras en France ?** フランスにはいつ来るの？
>
> **B : Je serai à Paris dans une semaine.** 1週間後にはパリにいるよ。
>
> ......................................................................................................................
>
> **A : Je n'ai pas de dictionnaire anglais.** 英語の辞書を持っていないんです。
>
> **B : Alors, je peux vous prêter celui de ma sœur.**
>
> それなら私の姉のを貸してあげますよ。

## ■ 未来の表現

フランス語で未来を表現するには、動詞 **aller** を使って近い未来を表す方法（**近接未来**）と、動詞自体を活用させる方法（**単純未来**）があります。

### 1) 近接未来
〈 aller + 動詞の原形 〉の形で、現在とつながった近い未来を表します。英語の **be going to** に相当する表現で、「**これから～する、～するつもりだ**」の意味を表します。（→『リエゾン1』p.43）

 Je **vais aller** voir mon cousin cet après-midi.  今日の午後、いとこに会いに行くつもりです。

### 2) 単純未来
**動詞自体を活用させる**未来形で、広く未来の意味を表します。

 Je **travaillerai** après mes études.  私は卒業したら働くつもりです。（< travailler）
 Anne ne **sera** pas chez elle ce soir.  アンヌは今晩は家にいないでしょう。（< être）

## ■ 単純未来の活用と用法

単純未来の活用は次のようになります。

| regarderの単純未来「見るだろう」 | | êtreの単純未来「～だろう」 | |
|---|---|---|---|
| je regarde**rai** | nous regarde**rons** | je se**rai** | nous se**rons** |
| tu regarde**ras** | vous regarde**rez** | tu se**ras** | vous se**rez** |
| il regarde**ra** | ils regarde**ront** | il se**ra** | ils se**ront** |
| elle regarde**ra** | elles regarde**ront** | elle se**ra** | elles se**ront** |

単純未来の活用は、基本的には原形の**語尾の r**（-er, -ir, -re）に **avoir の現在形**の活用をつけたものです（nous と vous では av- を取る）。この単純未来の語尾はすべての動詞に共通です。

ただし左ページ下の être のようにいくつか特殊な語幹を持つものがあります。次にさまざまな動詞の単純未来形を挙げておきましょう。je の形さえ覚えておけば、あとは同じ活用です。

●033

| 原形 | | 単純未来 | 原形 | | 単純未来 |
|---|---|---|---|---|---|
| finir | 終える | je finirai | avoir | 持っている | j'aurai |
| faire | する、作る | je ferai | prendre | 取る | je prendrai |
| aller | 行く | j'irai | venir | 来る | je viendrai |
| voir | 見る | je verrai | pouvoir | ～できる | je pourrai |

Ces étudiants *iront* aux États-Unis cet été.　その学生たちはこの夏アメリカに行きます。

Vous *descendrez* à la prochaine station.　次の駅で降りてください。

◆　単純未来は上の2つめの例文のように軽い命令の意味で使われることもあります。

✏️　上の例にならって、choisir（選ぶ）と faire の単純未来形を書き、発音してみましょう。●034

choisir の単純未来「選ぶだろう」

| je ____ | nous ____ |
| tu ____ | vous ____ |
| il ____ | ils ____ |
| elle ____ | elles ____ |

faire の単純未来「する（作る）だろう」

| je ____ | nous ____ |
| tu ____ | vous ____ |
| il ____ | ils ____ |
| elle ____ | elles ____ |

## ■ 前未来

未来のある時点までに完了している動作を表すには前未来という時制を使います。前未来形は〈助動詞 avoir / être の単純未来 + 過去分詞〉の形で作ります。

avoir と être の使い分けは複合過去と同じで、移動・変化を表す動詞と代名動詞は助動詞に être を使います。être を助動詞とする場合は過去分詞の性・数の一致に注意しましょう。

●035

| finirの前未来「終えているだろう」 | |
|---|---|
| j'aurai fini | nous aurons fini |
| tu auras fini | vous aurez fini |
| il aura fini | ils auront fini |
| elle aura fini | elles auront fini |

| arriverの前未来「着いているだろう」 | |
|---|---|
| je serai arrivé(e) | nous serons arrivé(e)s |
| tu seras arrivé(e) | vous serez arrivé(e)(s) |
| il sera arrivé | ils seront arrivés |
| elle sera arrivée | elles seront arrivées |

◆　前未来形は複合過去の助動詞（avoir または être）を単純未来形にしたものと考えることもできます。

◆　前未来は必ず未来の基準となる時点があるので、それがいつかを意識しましょう。

J'*aurai fini* mon rapport ce weekend.　私はこの週末にはレポートを書き終えているでしょう。

Dans un mois, ils *seront* déjà *partis* en vacances.

彼らは1ヶ月後にはもうヴァカンスに出発しているでしょう。

日本語に合うように、[　]の動詞を単純未来または前未来に活用させてください。　　　▶036

1) 私たちは来年パリに行きます。　Nous ＿＿＿＿＿＿＿ à Paris l'an prochain. [aller]

2) 明日は曇るでしょう。　Il y ＿＿＿＿＿＿＿ des nuages demain. [avoir]

3) 彼女は7時には帰っているでしょう。　À sept heures, elle ＿＿＿＿＿＿＿. [rentrer]

4) 今日の午後に私の事務所にお立ち寄りください。

　　Vous ＿＿＿＿＿＿＿ à mon bureau cet après-midi. [passer]

5) 君が家に来る頃には私はもう食べ終えてるでしょう。

　　J' ＿＿＿＿＿ déjà ＿＿＿＿＿＿＿ de manger quand tu viendras chez moi. [finir]

## ■ 指示代名詞　　　　　　　　　　　　　　　　　　　　　　　▶037

指示代名詞とは、前に出た名詞を受けたり、目の前にあるものを指し示したりする代名詞で、性・数により変化をするものと、しないものがあります。

### 1) 性・数により形が変わるもの

前に出てきた名詞の繰り返しを避けるために用いられ、性・数によって次のように形が変化します。

| 男性単数 | 女性単数 | 男性複数 | 女性複数 |
|---|---|---|---|
| celui | celle | ceux | celles |

　　Voilà la maison de Pauline. **Celle** de Cécile se trouve plus loin.

　　　　あれがポーリーヌの家です。セシルの家はこの先にあります。

◆　これらの指示代名詞は単独では使われず、de のような前置詞に導かれる語句などを伴います。

◆　また celui-ci は「これ」、celui-là は「それ」の意味で対比して使われることもあります。

　　Il y a deux montres. **Celle-ci** est beaucoup plus chère que **celle-là**.

　　　　2個の腕時計があります。この腕時計の方がそちらのよりもずっと高価です。

### 2) 性・数により形が変わらないもの

性・数により形が変化しない指示代名詞には **ça, ceci, cela, ce** があります。

**ça** は話し言葉でよく使われ、「これ」「それ」といろいろなものを広く指し示す言葉です。

　　Tu peux prendre **ça**, s'il te plaît ?　　それ、取ってくれる？

　　**Ça** m'intéresse beaucoup !　　それにはすごく興味があります！

ça はその場の状況などを指して **Ça va ?**（元気？）や **Ça marche ? / Ça se passe bien ?**（うまくいってる？）などの表現でも使われます。

**ceci** や **cela** は主に書き言葉で使われます。ceci は近くにあるものを、cela はやや遠くのものを指し、対比して使われることもあります。

　　Moi, je préfère **ceci** à **cela**.　　私はこれの方がそれよりも好きです。

ce は être の主語になり **c'est** や **ce sont** などの表現で使われます（うしろに母音が来るとエリジオンします）。関係代名詞の先行詞になることもあります。

**Ce** sera difficile.　それは難しいでしょう。

✏️ 日本語に合うように、（　）に適当な指示代名詞を入れてください。　　　　　○038

1) 傘を持ってないの？　ではジャックのを持って行きなさい。

　Tu n'as pas de parapluie ? Prends (　　　　　) de Jacques.

2) 昨日の試験はうまくいきましたか？　(　　　　　) s'est bien passé, l'examen d'hier ?

3) 新しい先生は彼ではありません。　Le nouveau professeur, (　　　　) n'est pas lui.

4) 私の靴はジュリアのより大きいです。

　Mes chaussures sont plus grandes que (　　　　) de Julia.

**Le français en scène**　道順を尋ねる　**Demander le chemin**

### Dialogue
○039

| | |
|---|---|
| *Akiko* | : Excusez-moi. Pourriez-vous me dire où se trouve la gare, s'il vous plaît ? |
| *Un passant* | : Oui, bien sûr. Allez tout droit jusqu'à |
| | l'avenue principale, puis tournez à droite. |
| | La gare sera sur votre gauche. |
| *Akiko* | : D'accord. Merci beaucoup, monsieur. |
| *Le passant* | : De rien, bonne journée. |

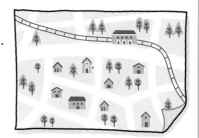

### Vocabulaire
○040

plan 市街図　　carte 地図　　rue 通り　　boulevard 大通り　　avenue （街路樹のある）大通り

place 広場　　quartier 界隈　　station de métro 地下鉄の駅　　arrêt de bus バス停

église 教会　　château 城　　musée 美術館、博物館　　parc / jardin 公園

### Phrases utiles
○041

Où est la station de métro, s'il vous plaît ?　地下鉄の駅はどこですか？

Comment je peux aller au musée du Louvre ?　ルーヴル美術館にはどう行ったらいいですか？

Pouvez-vous me montrer sur le plan où nous sommes ?

　　　　　　　　　　　　　　この地図のどこにいるか教えてもらえますか？

Vous tournez à gauche à la première rue.　最初の通りを左に曲がりなさい。

Vous verrez le musée sur votre droite.　右側に美術館が見えるでしょう。

**1** 日本語の意味に合うように、下のリストから適当な動詞を選び、それを現在形に活用させて書いてください。

| commencer | devoir | faire | pouvoir | se promener | travailler | vouloir |

1) あなたはお仕事は何をしていますか？

   Qu'est-ce que vous _____ dans la vie ?

2) 彼らはフランス語を勉強し始めます。

   Ils _____ à étudier le français.

3) 私はよく公園の中を散歩します。

   Je _____ souvent dans le parc.

4) 君はこの週末は映画に行きたいの？

   Tu _____ aller au cinéma ce weekend ?

5) 私たちはこの仕事を水曜までに終えなくてはいけません。

   Nous _____ finir ce travail avant mercredi.

## **2** Exercices actifs

次の動詞を使った表現の例を参考に、単純未来形を使って「明日何をするか」「今度の週末に何をするか？」をお互いに質問し合い、答えてみましょう。　▶042

– Qu'est-ce que tu feras demain ?

– Qu'est-ce que vous ferez le weekend prochain ?

Exemples : · étudier le français / l'anglais　　· faire mes devoirs

　　　　　　 · voir des amis　　　　　　　　　　· avoir trois cours

　　　　　　 · faire des courses　　　　　　　　· faire du jogging

　　　　　　 · aller à Shinjuku　　　　　　　　 · aller au cinéma / au concert

　　　　　　 · manger au restaurant　　　　　　· faire du shopping

**3** 仏検 対応問題に挑戦！

次の会話を読み、（ 1 ）～（ 4 ）に入れるのにもっとも適当なものを、それぞれ①～③のなかから 1 つずつ選んでください。

*Léo* : Samedi, je vais au cinéma. Tu viens avec moi ?

*Chloé* : Je ne peux pas samedi（ 1 ）j'ai du travail.
　　　　　Je préfère dimanche. C'est（ 2 ）?

*Léo* : Oui, ça va. À 14 heures ?

*Chloé* : C'est bien.（ 3 ）est-ce qu'on se voit ?

*Léo* : Je vais aller（ 4 ）toi.

*Chloé* : Merci. Est-ce qu'il y a un film intéressant ?


1)  ① comment        ② parce que        ③ toujours

2)  ① dernier         ② important        ③ possible

3)  ① Combien         ② Où               ③ Pourquoi

4)  ① chez            ② devant            ③ sur


**4** 仏検 対応問題に挑戦！

次の対話 1)～5) の（　　）内に入れるのにもっとも適当なものを、それぞれ①～③のなかから 1 つずつ選んでください。

1)  – Tu cherches ton chien ?

　　– Oui, je（　　）cherche depuis hier.

　　　　① la            ② le            ③ les

2)  – Il va souvent à ce restaurant ?

　　– Oui, il（　　）va souvent.

　　　　① en            ② le            ③ y

3)  – Tu vas faire du tennis cet après-midi ?

　　– Oui, tu veux jouer avec（　　）?

　　　　① je            ② me            ③ moi

4)  – Quelle photo préférez-vous ?

　　– Moi, je préfère（　　）-ci.

　　　　① celle          ② celui          ③ ceux

5)  – Anna porte une nouvelle robe.

　　– Oui, elle（　　）va très bien.

　　　　① la            ② lui            ③ leur

# 4 Quand tu seras libre, on jouera au tennis.

▶043

A : Quand tu seras libre, on jouera au tennis.

君が暇なときにテニスをしようよ。

B : Volontiers. Je serai libre ce samedi.　喜んで。今週の土曜日は暇だよ。

A : Je vais faire apprendre le piano à mon fils.

息子にピアノを習わせるつもりなんだ。

B : C'est une bonne idée !　それはいい考えだね！

## ■ 時・理由・条件を表す接続詞

「〜するとき」「〜なので」「もし〜ならば」など、さまざまな意味を表すフランス語の接続詞をここで
まとめておきましょう。対応する英語の接続詞とともに見ていきます。

### 1) 「時」を表す接続詞

▶044

「時」を表す接続詞には次のようなものがあります。

| quand | 〜するとき (when) | pendant que | 〜する間 (while) |
|---|---|---|---|
| depuis que | 〜して以来 (since) | après que | 〜したあとで (after) |
| aussitôt que dès que | 〜するとすぐに (as soon as) | | |

*Quand* il pleut, elle lit des livres.　雨が降っているときは、彼女は本を読みます。

*Aussitôt qu'*il arrive à la gare, il achète le journal.　駅に着くとすぐに彼は新聞を買います。

◆ quand はうしろに母音がくるとリエゾンして、最後の d を [t] と発音します。

◆ que はうしろに母音がくるとエリジオンして qu' となります。

◆ 意味が未来の場合、英語では when のうしろは未来形を使わず現在形にしますが、フランス語で
は quand のあとで単純未来形を使うこともできます。

*Quand* je serai à Paris, j'irai voir des amis.　パリに着いたら友だちに会いに行くつもりです。

### 2) 「理由」を表す接続詞

▶045

「理由」を表す接続詞には次のようなものがあります。

| parce que | 〜だから (because) | puisque | 〜なのだから (since) |
|---|---|---|---|
| comme | 〜なので (as) | car | 〜というのも (for) |

Il est absent aujourd'hui *parce qu*'il est malade.　彼は病気なので今日は欠席しています。

*Comme* il fait chaud, je ne veux pas sortir.　暑いので外出したくありません。

◆　parce que の節は文の後半に来ることが多く、comme はふつう文の前半に置かれます。puisque は話し相手も知っている理由を述べる場合に使われ、多く文の前半に置かれます。car は 2 つの文をつなぐ働きをする接続詞なので、必ず 2 つの文の間に来ます。

◆　parce que は pourquoi ? の問いかけに対する答えを導くのにも使われます。(→『リエゾン 1』p. 50)

*Pourquoi* tu ne viens pas ?　– *Parce que* je suis fatiguée.

「どうして来ないの？」「疲れているからよ」

### 3)「条件」を表す接続詞　　　　　　　　　　　　　　　　　　　　　　　　　●046

| si | もし〜ならば (if) |
|---|---|

「条件」を表す接続詞としては、ここでは si だけを挙げておきます。si はうしろに il(s) が来たときのみ **s'il(s)** とエリジオンします。elle(s) の場合はエリジオンしません。

*Si* vous voulez aller au musée, vous devez prendre le bus.

美術館に行きたいのなら、バスに乗らないといけません。

*S'*il fait beau demain, on pourra faire du jogging ensemble.

明日いい天気なら、一緒にジョギングできるね。

◆　si のうしろは意味が未来でも単純未来形にはせず、現在形を使います。

◆　現実ではないことを仮定して「もし〜ならば、〜だろうに」と言うときには、条件法の構文を使います（→ Leçon 8）。

### Exercices

日本語に合うように、適当な接続詞（1 語または 2 語）を補ってください。　　　●047

1) 雨が降っているので、家にいましょう。　＿＿＿＿＿＿＿＿ il pleut, restons à la maison.

2) 彼女が宿題をやっている間、私は本を読んでいます。

＿＿＿＿＿＿＿＿ elle fait ses devoirs, je vais lire mon livre.

3) もし君さえよければ、レストランで夕食を食べよう。

＿＿＿＿＿＿＿＿ tu es d'accord, on va dîner au restaurant.

4)「なぜイタリアに行きたいのですか？」「芸術の勉強をしたいからです」

Pourquoi vous voulez aller en Italie ?　–　＿＿＿＿＿＿＿＿ je veux étudier l'art.

5) 君が必要なときには私の辞書を貸してあげるよ。

Je te prête mon dictionnaire ＿＿＿＿＿＿＿＿ tu en a besoin.

## ■「〜させる」「〜させておく」の言い方

「〜させる」と使役の意味を表すには《faire ＋ 動詞の原形（不定形）》の形にします。また「〜させておく」と放任の意味を表すときには《laisser ＋ 動詞の原形（不定形）》の形を用います。

23

## 1)「使役」（〜させる）の構文：faire + 動詞の原形　　　　　　　　　●048

faire のあとの動詞が自動詞または直接目的補語のない他動詞の場合は次のような形にします。

> Le professeur ***fait entrer*** ses élèves dans la classe.　先生は生徒たちを教室に入らせます。

あとの動詞が直接目的補語を取る他動詞の場合は、その動作をする人に à または par をつけて表します。

> La mère ***fait nettoyer*** les fenêtres ***à / par*** sa fille.　母親は娘に窓を掃除させます。

## 2)「放任」（〜させておく）の構文：laisser + 動詞の原形

laisser のあとの動詞が自動詞または直接目的補語のない他動詞の場合は、次のように文を作ります。

> Il ***laisse jouer*** les enfants dans la cour.　彼は子どもたちを運動場で遊ばせておきます。

動詞が直接目的補語のある他動詞の場合は、faire のときと同じく動作をする人に à または par をつけます。

> Nous ***laissons choisir*** les gâteaux ***à*** nos clients.　私たちはお客さまにケーキを選んでもらいます。

（この例文は Nous ***laissons nos clients choisir*** les gâteaux. という構文で表すこともできます）

◆　上のそれぞれの構文で、動作をする人を代名詞にするときには、自動詞の場合は直接目的補語、
　　他動詞の場合は間接目的補語の代名詞を faire / laisser の前に置きます。

> Le professeur ***les*** fait entrer dans la classe.　先生は彼らを教室に入らせます。

> La mère ***lui*** fait chanter la chanson.　母親は彼女にその歌を歌わせます。

 日本語に合うように、[　　　　] の中の語を並び替えて正しい文にしてください。　　●049

1) 私はジャンを教室で待たせます。　Je [ attendre, fais, Jean ] dans la classe.

2) 彼女はレオにテレビを見させておきます。　Elle [ à, laisse, la télé, regarder ] Léo.

3) 明日は彼に部屋を掃除させましょう。　Demain, on [ faire, lui, nettoyer, va ] sa chambre.


## ■ 所有代名詞

「私のもの」「あなたのもの」などの意味を表す所有代名詞は、**所有されるものの性・数**によって次のように変化し、前に**定冠詞**がつきます。

|  | 男性単数 | 女性単数 | 男性複数 | 女性複数 |
|---|---|---|---|---|
| 私のもの | le mien | la mienne | les miens | les miennes |
| 君のもの | le tien | la tienne | les tiens | les tiennes |
| 彼・彼女のもの | le sien | la sienne | les siens | les siennes |
| 私たちのもの | le nôtre | la nôtre | les nôtres | |
| あなた（たち）のもの | le vôtre | la vôtre | les vôtres | |
| 彼ら、彼女らのもの | le leur | la leur | les leurs | |

●050

◆　所有形容詞（→『リエゾン1』p.40）のときと同じく、所有代名詞の形は、所有する人ではなく
　　所有されるものの性・数によって決まります。所有者の性別（彼・彼女など）による区別はあり
　　ません。

Mes chats vont très bien. Et *les tiens* ?　僕の猫たちはとても元気だよ。君の猫たちは？

La mère de Paul est plus jeune que *la nôtre*.　ポールの母親は私たちの母よりも若いです。

✏️ 日本語に合うように、適当な所有代名詞を補ってください。　●051

1) あなたの部屋は私の部屋のすぐ隣りです。　Votre chambre est juste à côté de _____.

2) 私の自転車はここにあります。あなたたちのはどこですか？

   Voici mon vélo. Où sont _____ ?

3) このコーヒーメーカーは使ってはいけないよ。彼らのだから。

   N'utilise pas cette machine à café. C'est _____.

## Le français en scène　駅　La gare

### Dialogue　●052

| | |
|---|---|
| *Mathilde* | : Bonjour, je voudrais un billet pour Paris, s'il vous plaît. |
| *Agent de la gare* | : Quel type de billet souhaitez-vous ? Aller simple ou aller-retour ? |
| *Mathilde* | : Un aller simple, s'il vous plaît. |
| *Agent de la gare* | : Très bien, pour quel jour et quelle heure ? |
| *Mathilde* | : Pour demain matin, le premier train si possible. |
| *Agent de la gare* | : D'accord, voici votre billet. Le train part à 8 heures du matin. |
| *Mathilde* | : Merci beaucoup. |

### Vocabulaire　●053

billet 切符　train 列車　TGV 高速列車　horaire 時刻表　place 座席　aller simple 片道
aller-retour 往復　correspondance 乗り換え　guichet 窓口、切符売り場　quai ホーム
direction 行先　voie 線路　retard 遅れ　salle d'attente 待合室

### Phrases utiles　●054

Je voudrais un billet pour Strasbourg, s'il vous plaît.　ストラスブール行きの切符を買いたいのですが。

Je voudrais un billet aller-retour pour Marseille, s'il vous plaît.

　　　　　　　　　　　　　　　　　　　　マルセイユまでの往復切符を買いたいのですが。

À quelle heure part le prochain train pour Lyon ?　リヨン行きの次の列車は何時に出発しますか？

De quel quai part le train pour Bordeaux ?　ボルドー行きの列車はどのホームから出発しますか？

Le train arrive à Nantes à quelle heure ?　この列車はナントに何時に到着しますか？

Le train pour Paris est-il en retard ?　パリ行きの列車は遅れているのですか？

# 5 J'attendais mon cousin à la gare.

▶055

**A : Qu'est-ce que tu faisais tout à l'heure ?** さっき何をしてたの？

**B : J'attendais mon cousin à la gare.** 駅でいとこを待ってたんだよ。

............................................................................

**A : Vous habitiez dans ce quartier ?** この界隈に住んでおられたのですか？

**B : Oui, je me promenais souvent dans le parc.** はい、よく公園で散歩したものです。

## ■ 半過去の活用

「〜していた」「〜だった」と過去のある時点において継続している動作や状態を表すのには半過去という過去形を使います。半過去の活用は次のようになります。

▶056

| chanterの半過去「歌っていた」 ||
|---|---|
| je chantais | nous chantions |
| tu chantais | vous chantiez |
| il chantait | ils chantaient |
| elle chantait | elles chantaient |

半過去の語尾はすべての動詞に共通です。また語幹は現在形の一人称複数（主語が nous のとき）と同じ語幹を用います。

choisir（第2群規則動詞）　→ nous choisissons　→ je choisissais, tu choisissais ...

faire　　　　　　　　　　→ nous faisons　　　→ je faisais, tu faisais ...

ただし être のみは例外で、語幹には ét- を用い、j'étais, tu étais ... と活用します。

▶057

| choisirの半過去「選んでいた」 || êtreの半過去「〜だった」 ||
|---|---|---|---|
| je choisissais | nous choisissions | j' étais | nous étions |
| tu choisissais | vous choisissiez | tu étais | vous étiez |
| il choisissait | ils choisissaient | il était | ils étaient |
| elle choisissait | elles choisissaient | elle était | elles étaient |

その他によく使われるいくつかの動詞の半過去形を見ておきましょう。語尾は全ての動詞に共通ですので、je と nous の形だけ示します。　　　　　　　　　　　　　　　　　　　　　　▶058

| 原形 | 半過去 | | 原形 | 半過去 | |
|------|--------|--|------|--------|--|
| **avoir** | j'avais | nous avions | **dormir** | je dormais | nous dormions |
| **aller** | j'allais | nous allions | **venir** | je venais | nous venions |
| **faire** | je faisais | nous faisions | **prendre** | je prenais | nous prenions |
| **attendre** | j'attendais | nous attendions | **vouloir** | je voulais | nous voulions |

🖊 上に挙げた avoir の半過去の活用を書き、発音してみましょう。　　　　　　　　▶059

avoir の半過去「持っていた」

|  | nous |
|--|------|
| tu | vous |
| il | ils |
| elle | elles |

🖊 日本語に合うように、[　　　] の動詞を半過去に活用させましょう。　　　　　　▶060

1) リュカは木の下で休んでいました。　Lucas ＿＿＿＿＿＿＿＿＿ sous un arbre. [se reposer]

2) 彼らは宿題をしていました。　Ils ＿＿＿＿＿＿＿ leurs devoirs. [faire]

3) あなたは誰を待っていたのですか？　Qui est-ce que vous ＿＿＿＿＿＿＿ ? [attendre]

## ■ 半過去の用法　　　　　　　　　　　　　　　　　　　　　　　　　　　　▶061

過去に完結した動作「〜した」や状態を表す複合過去に対して、半過去は過去のある時点において継続している動作や状態を表し、多くの場合「〜していた」「〜だった」と訳されます。2つの過去形の違いを次の例文で見てみましょう。

> Quand elle est arrivée, j'étais encore dans le lit.　彼女が来たとき、私はまだベッドの中にいた。

この例文で「彼女が来た」のは過去のある時点で完結した出来事なのに対し、「ベッドの中にいた」はその時点でまだ継続している状態を表します。そのため「彼女が来たとき」には複合過去形が使われ、「ベッドの中にいた」は半過去形になっています。

半過去にはおもに 1) 過去のある時点において継続している動作や状態を表す、2) 過去の習慣や何度も繰り返された出来事を表す、という2つの用法があります。

### 1) 過去のある時点において継続している動作・状態

この用法は通常、過去のある時に「〜していた」「〜だった」と訳されます。

> Quand il m'a téléphoné, je *regardais* la télévision.
> 彼が電話をくれたとき、私はテレビを見ていました。[ 過去の継続している動作 ]

> À cette époque, Louise *était* étudiante à Paris.
> その頃、ルイーズはパリの大学生でした。[ 過去の継続している状態 ]

## 2) 過去の習慣や繰り返された出来事

過去のある時期に、いつも（よく）『〜したものだ』という意味を表します。

> Pendant les vacances, je *courais* tous les matins.
>
> ヴァカンスの間、私は毎朝走っていました。[ 過去の習慣 ]

> Quand j'étais petit, ma mère me *faisait* souvent des crêpes.
>
> 私が小さかった頃、母はよくクレープを焼いてくれたものです。[ 過去の繰り返された出来事 ]

### Exercices

日本語に合うように、[　　]の動詞を複合過去または半過去に活用させてください。　　　　●062

1) 彼はレストランで働いていました。　Il ＿＿＿＿＿＿＿＿＿ dans un restaurant. [travailler]

2) 私たちは 8 時に到着しました。　Nous ＿＿＿＿＿＿＿＿＿ à huit heures. [arriver]

3) あなたはそのとき何歳でしたか？　Vous ＿＿＿＿＿＿＿＿＿ quel âge alors ? [avoir]

4) 私はよくこのカフェに来たものです。　Je ＿＿＿＿＿＿＿＿＿ souvent dans ce café. [venir]

## ■ 大過去の用法

過去のある時点までにすでに完了している動作や状態を表すのには大過去という時制を用います。大過去形は〈助動詞 avoir/être の半過去形 + 過去分詞〉の形で作ります。助動詞 avoir と être の使い分けは複合過去と同じで、場所の移動や状態の変化を表す動詞と代名動詞には être を、それ以外の動詞は avoir を用います。être を助動詞とする場合は過去分詞の性・数の一致に注意しましょう。

●063

| finirの大過去 | |
|---|---|
| j'avais fini | nous avions fini |
| tu avais fini | vous aviez fini |
| il avait fini | ils avaient fini |
| elle avait fini | elles avaient fini |

| partirの大過去 | |
|---|---|
| j'étais parti(e) | nous étions parti(e)s |
| tu étais parti(e) | vous étiez parti(e)(s) |
| il était parti | ils étaient partis |
| elle était partie | elles étaient parties |

大過去は過去のある時点を基準にして、その時までにある動作や状態が完了していることを表します。

> Avant de le rencontrer, j'*avais* déjà *entendu* parler de lui.
>
> 彼に会う前に、私はすでに彼について聞いていました。

> Quand elle est arrivée à la gare, le train *était* déjà *parti*.
>
> 彼女が駅に着いたときには、電車はもう出発してしまっていました。

◆ 大過去には必ず過去の基準になる時点があります。それが何かを考えるようにしましょう。

✎ 日本語に合うように、[　　]の動詞を大過去に活用させましょう。　　　　●064

1) 18 歳のときには、彼はもう 2 度もフランスに旅行に行っていました。

À dix-huit ans, il ＿＿＿＿＿＿＿＿＿ deux fois en France. [voyager]

2) あなたが電話をくださったときには、彼女はもう外出していました。

Quand vous avez téléphoné, elle ＿＿＿＿＿＿＿＿＿ . [sortir]

## Le français en scène 大学 L'université

### Dialogue ▶065

*Lucas* : Salut, est-ce que tu sais où se trouve la salle 201 ?

*Julie* : Oui, elle est au deuxième étage, à gauche après les escaliers.

*Lucas* : Merci ! Tu es aussi en cours de littérature française ?

*Julie* : Oui, je m'appelle Julie. Et toi ?

*Lucas* : Moi, c'est Lucas. Enchanté ! On se voit en cours alors.

*Julie* : D'accord ! À tout de suite.

### Vocabulaire ▶066

cours 授業　　professeur 先生、教授　　étudiant(e) 大学生　　examen 試験

inscription 登録　　UV (= unité de valeur) 単位　　bibliothèque 図書館　　campus キャンパス

faculté 学部　　département 学科　　salle de cours 講義室　　mémoire 卒業論文

### Phrases utiles ▶067

Qu'est-ce que tu étudies à l'université ?　　君は大学では何を研究しているの？

À quelle heure commence le cours de sociologie ?　　社会学の講義は何時に始まりますか？

Où est la salle de cours de littérature française ?　　フランス文学の講義室はどこですか？

Où est la bibliothèque universitaire ?　　大学の図書館はどこですか？

Tu as réussi à ton examen de mathématiques ?　　君は数学の試験には合格したの？

J'ai perdu ma carte d'étudiant, que dois-je faire ?

学生証をなくしてしまいました。どうしたらいいですか？

Je vais finir mes études l'année prochaine.　　私は来年卒業します。

**1** 仏検対応問題に挑戦！

フランス語の文1）〜 4）をそれぞれ3回ずつ聞き、それにもっともふさわしいイラストを下の
①〜⑥のなかから選んでください。　　　　　　　　　　　　　　　　　　　　　　▶068

1) ......................　　2) ......................　　3) ......................　　4) ......................

**2** 次の1）〜 5）に続けるのに最もふさわしい文の後半部分を、あとの ⓐ〜ⓔ から選んで文を完成し
てください。

1) Quand il pleut,　　　　　　　　　　　　ⓐ je ne peux pas sortir avec toi.

2) Aussitôt qu'elle arrive à la gare,　　　ⓑ il nettoie la chambre.

3) Si tu veux aller au concert,　　　　　ⓒ on joue aux cartes à la maison.

4) Comme j'ai beaucoup de travail,　　　ⓓ tu dois réserver à l'avance.

5) Pendant qu'elle fait la vaisselle,　　　ⓔ elle achète un journal.

## 3 Exercices actifs

次の表現の例を参考に、半過去形を使って「2時間前に何をしていたか」「昨日の夜9時に何をしていたか」「前の日曜の午後に何をしていたか」をお互いに質問し合い、答えてみましょう。

– Qu'est-ce que tu faisais il y a deux heures ?　　　　　　　　　　　　▶069

– Qu'est-ce que vous faisiez hier soir à neuf heures ?

– Tu faisais quoi dimanche après-midi ?

Exemples : · être dans mon lit　　　　· prendre mon petit déjeuner

· courir à la gare　　　　· être dans le train

· regarder la télévision　　　· dîner

· étudier le français　　　· prendre mon bain

· faire des jeux-vidéos　　　· faire mes devoirs

· être avec des ami(e)s　　　· lire un roman / un manga

## 4 仏検対応問題に挑戦！

次の日本語の文1) ～ 5) の下には、それぞれ対応するフランス語の文が記されています。(　　)内に入れるのにもっとも適切なものを、それぞれ①～③のなかから1つずつ選びなさい。

1) 私はホテルで朝食を食べていた。

Je (　　　) mon petit déjeuner à l'hôtel.

① prenais　　　② prenait　　　③ prenions

2) 明日の朝、電話してくれる？

Tu me (　　) demain matin ?

① téléphonera　　② téléphoneras　　③ téléphonerez

3) 私の母はよく紅茶を飲みます。

Ma mère (　　) souvent du thé.

① bois　　　② boit　　　③ boivent

4) セシル、アンヌ、私といっしょに来なさい。

Cécile, Anne, (　　) avec moi.

① venez　　　② venons　　　③ viens

5) 彼女たちは昨日、日本に到着しました。

Elles (　　) au Japon hier.

① est arrivée　　② sont arrivées　　③ sont arrivés

# Les Français et le cinéma

⊙070

1    Les Français sont les Européens qui vont le plus voir des films dans les salles.
À Paris, il y a beaucoup de petits et grands cinémas qui*¹ passent toutes sortes de
films, nouveautés et classiques. Mais saviez-vous que*² la France est le pays où*³
le cinéma est né ? En effet, en 1895, les frères Lumière ont créé la première
5    caméra de cinéma.

Le cinéma français a donc une longue histoire et de grands cinéastes français
y ont vu le jour. François Truffaut, Jean-Luc Godard et Claude Chabrol sont
célèbres pour avoir créé la « Nouvelle Vague », un nouveau genre de cinéma dans
les années 1960.

10   Certains acteurs français sont aussi très populaires. Gérard Depardieu,
Catherine Deneuve et Jean-Paul Belmondo sont plus anciens mais, ces dernières
années, Marion Cotillard, Omar Sy et Léa Seydoux ont également beaucoup de
succès.

Beaucoup de festivals de cinéma ont aussi lieu en France. Le plus célèbre en
15   est, bien entendu, le Festival de Cannes où on peut voir les meilleurs films du
monde de l'année.

*Taxi, La Haine, Amélie, Intouchables,* les films français sont souvent très
artistiques et profonds. Ils parlent de la vie, de l'amour et de la société, parfois
avec humour. Le cinéma français peut ainsi nous offrir un art un peu différent de
20   celui d'Hollywood.

*1 qui は関係代名詞（→ Leçon 6 p.34）    *2 savoir que ... : ～だと知っている（→ p.36）
*3 où は関係代名詞（→ p.35）

フランス人の映画好きはよく知られている。フランスの人口は日本の約半分なのに、映画館の年間入場者数は何と日本の約2倍！ それほど映画館で映画を楽しむフランス人が多いのだ。それもそのはず、フランスは映画発祥の国であり、しかもさまざまな新しい試みの映画が作られ続けてきた。アメリカ映画とも日本映画とも一味違うフランス映画をぜひ楽しんでみよう。

## Exercices

【1】 それぞれの文を日本語に訳してみましょう。

1) Mais saviez-vous que la France est le pays où le cinéma est né ? (l.3)

.................................................................................................................................

2) Le cinéma français a donc une longue histoire et de grands cinéastes français y ont vu le jour. (l.6)

.................................................................................................................................

3) Le cinéma français peut ainsi nous offrir un art un peu différent de celui d'Hollywood. (l.19)

.................................................................................................................................

【2】 次のそれぞれの動詞の原形を書きなさい。

1) saviez (l.3) ..................... 　 2) est né (l.4) ..................... 　 3) peut (l.15) .....................

【3】 1) 〜 5) が文章の内容に合っていれば V (Vrai) を、合っていなければ F (Faux) を書きましょう。

1) フランス人はヨーロッパ人の中で映画館で映画を見ることが最も多い国民である。　（　　）

2) 1895 年にリュミエール兄弟はフランスで初めての映画館を建てた。　（　　）

3) トリュフォーやゴダールは「ヌーヴェル・ヴァーグ」で有名な映画監督である。　（　　）

4) 近年ではドゥパルデューやベルモンなどの俳優が人気を集めつつある。　（　　）

5) フランス映画にはユーモアも交えて人生や愛や社会について語る映画が見られる。　（　　）

# 6

# C'est le livre que j'ai acheté hier.

▶071

**A : C'est le livre que j'ai acheté hier.** これは昨日買った本なんだ。

**B : Ah bon. Il a l'air intéressant.** そうなの。面白そうだね。

.......................................................................................

**A : Vous portez un joli chapeau.** すてきな帽子をかぶってますね。

**B : Merci. C'est Marie qui me l'a donné en cadeau.**

ありがとう。マリーがプレゼントにくれたのよ。

## ■ 関係代名詞

ここではフランス語の4つの関係代名詞について説明します。

### 1) qui と que

▶072

qui と que はフランス語で最もよく使われる関係代名詞で、人と物の区別なく使います。この2つには次のような機能の違いがあります。

| qui | quiが関係節の主語になり、うしろに動詞を伴う。 |
|-----|------------------------------------------------|
| que | queが関係節の直接目的補語または属詞になり、うしろに主語と動詞を伴う。 |

次の例で比べてみましょう。

J'ai un ami *qui* travaille dans un restaurant. 私にはレストランで働いている友だちがいます。

Voici le tableau *que* nous avons acheté à Paris. これは私たちがパリで買った絵です。

最初の例では qui のうしろに動詞 travailler があり、qui (=un ami) が主語になっています。2つめの例では que のうしろは nous avons acheté という主語と動詞のセットで、que (=le tableau) は動詞 acheter の直接目的補語です。

◆ que のうしろに il(s), elle(s), on など母音がくるとエリジオンして **qu'** になります。

Ce sont les chansons *qu'*elle chante souvent. これらは彼女がよく歌う歌です。

◆ que のうしろが avoir を使う複合過去で、先行詞が動詞の意味上の直接目的補語になっている場合、過去分詞は先行詞に性・数の一致をします。

Les fleurs *qu'*elle a choisies sont très belles. 彼女が選んだ花はとても美しいです。

◆ qui や que の前に指示代名詞 ce をつけて ce qui / ce que... とすれば「〜するもの」の意味になります。英語の関係代名詞 what に相当します。

Prends *ce que* tu veux. 君がほしいものを取りなさい。

### 2) où

○073

où は **場所**や**時**を先行詞とし、それらを説明するための関係代名詞です。英語の関係副詞 where と when の両方に相当する働きをします。

> C'est le village *où* j'ai pris ces photos.　これは私がこれらの写真を撮った村です。[場所]
>
> Vous souvenez-vous du jour *où* nous nous sommes rencontrés ?
> 私たちが出会った日のことを覚えていますか？[時]

### 3) dont

○074

dont は **前置詞 de** の意味を含んだ関係代名詞です。最初はややわかりにくいですが、あとに続く文に〈de+ 先行詞〉を当てはめて意味を考えてみましょう。

> Regardez cette maison *dont* le toit est rouge.
> あの屋根の赤い家を見なさい。(*cf.* Le toit *de cette maison* est rouge.)
>
> Je suis en train de chercher le livre *dont* tu m'as parlé.
> 僕は君が話してくれた本を探しているところなんだ。(*cf.* Tu m'as parlé *du livre*.)

### Exercices

○075

日本語に合うように、(　　) に適当な関係代名詞を入れてください。

1) 君が買ったばかりの CD は聴いてるの？　Tu écoutes le CD (　　　　) tu viens d'acheter ?

2) 私は父親が弁護士だという男の子を知っています。

　 Je connais un garçon (　　　　) le père est avocat.

3) 故障している自動車はどれですか？　Quelle est la voiture (　　　　) est en panne ?

4) 私たちは彼が働いている会社によく行きます。

　 Nous allons souvent au bureau (　　　　) il travaille.

5) 彼女が作るケーキは絶品です。　Les gâteaux (　　　　) elle fait sont délicieux.

## ■ 強調構文

○076

**強調構文**は、「…なのは～だ」というように文の一部を強調する文型です。強調したい文の要素を C'est と qui または que ではさんで作ります。qui と que の使い分けは関係代名詞のときと同じです。

| C'est ～ qui + V | 主語を強調する。「Vするのは～だ」 |
|---|---|
| C'est ～ que + S + V | 主語以外を強調する。「SがVするのは～だ」 |

次の例文をもとにして強調構文の文を作ってみましょう。

> Louise a dîné avec Raphaël hier soir.　ルイーズは昨晩ラファエルと夕食を食べました。

主語の Louise を強調したいときは qui を使います。

> *C'est* Louise *qui* a dîné avec Raphaël hier soir.　昨晩ラファエルと夕食を食べたのはルイーズです。

avec Raphaël を強調するときは、主語以外なので que を使います。

> *C'est* avec Raphaël *que* Louise a dîné hier soir.　昨晩ルイーズが夕食を食べたのはラファエルとです。

同様に hier soir を強調したいときも que を使います。

**C'est** hier soir **que** Louise a dîné avec Raphaël.　ルイーズがラファエルと夕食を食べたのは昨晩です。

強調構文では、強調したい要素が複数でも、文の意味が過去や未来でも、通常 C'est を使います。

🖊 次の文をもとにして、下線部 1) 〜 3) を強調した文を作ってみましょう。　▶077

<sup>1)</sup>Léon rencontre souvent <sup>2)</sup>Julia <sup>3)</sup>à la librairie.　レオンはよく本屋でジュリアに会います。

1) ....................................................................................................................

2) ....................................................................................................................

3) ....................................................................................................................


## ■「〜と言う」「〜と思う」などの言い方　▶078

「〜と言う」「〜と思う」などの表現には**接続詞 que** を使って、言った内容や思った内容を続けます。この que は英語の that に相当しますが、英語と違って省略することはできません。次にとくによく使われる表現をまとめておきましょう。

### 1)「〜と言う」: dire que ...

Lucas **dit que** le nouveau film est très intéressant.　リュカは新作の映画がとても面白いと言っています。

＊直接話法と間接話法の違いについては Leçon 10 で詳しく説明します。

### 2)「〜と思う」: penser (croire) que ...

Je **pense qu'**il ne viendra pas à la réunion.　私は彼は会合に来ないだろうと思います。

＊ penser (croire) que ... の否定形についてはやや注意が必要です。Leçon 9 の「接続法」の項目で説明します。

### 3)「〜と知っている」: savoir que ...

**Savez**-vous **que** le père de Jacques est médecin ?

ジャックの父親が医者だということは知っていますか？

◆ 動詞 dire, croire, savoir の活用を活用表で確認しておきましょう。


🖊 日本語に合うように、............ の部分を補って正しい文にしてみましょう。　▶079

1) 私たちはそれは難しい問題だと思います。

Nous ........................................ c'est un problème difficile.

2) 生徒たちは彼らの先生はとてもやさしいと言っています。

Les élèves ........................................ leur professeur est très gentil.

3) 彼女が日本語を上手に話すって知ってる？

Tu ........................................ elle parle bien japonais ?

## Le français en scène 電話 Le téléphone

### Dialogue ▶080

*Paul* : Allô, bonjour, est-ce que je peux parler à M^me Perrin ?

*M^me Perrin* : Oui, c'est moi. Qui est à l'appareil ?

*Paul* : Bonjour, je suis Paul de l'agence de voyages Les Aventures. Je vous appelle pour confirmer votre réservation.

*M^me Perrin* : Ah, merci de m'appeler. J'ai une question sur l'hôtel que j'ai réservé.

*Paul* : Bien sûr, je suis là pour vous aider.

### Vocabulaire ▶081

appel 通話    numéro (de téléphone) 電話番号    répondeur 留守番電話
message メッセージ、伝言    rappeler かけ直す    portable 携帯電話    chargeur 充電器
internet インターネット    e-mail eメール    adresse 住所、アドレス

### Phrases utiles ▶082

Qui est à l'appareil ?    どちらさまですか？

Je voudrais parler à Madame Yoshida.    吉田さんとお話ししたいのですが。

Est-ce que je peux parler à Monsieur Leroy, s'il vous plaît ?    ルロワさんとお話できますか？

Ne quittez pas. Un instant, s'il vous plaît.    切らずに少々お待ちください。

Voulez-vous lui laisser un message ?    彼（女）に伝言しましょうか？

Quel est votre numéro de portable ?    携帯電話の番号は何番ですか？

Je vous rappelle plus tard, merci.    あとでかけ直します。

# Je me repose en regardant la télé.

▶083

A : Comment vous passez vos soirées ? 毎晩どのように過ごしていますか?

B : Je me repose en regardant la télé. テレビを見ながらくつろいでいます。

．．．．．．．．．．．．．．．．．．．．．．．．．．．．．．．．．．．．．．．．．．．

A : Léna fait ses devoirs toute seule ? レナはひとりで宿題をしてるの?

B : Non, elle est aidée par sa sœur.

いや、お姉さんに手伝ってもらってるんだよ。

## ■ 現在分詞の使い方

▶084

現在分詞は動詞の語尾が -ant になったもので、動詞でありながら形容詞的な働きをします。英語の -ing 形に相当しますが、フランス語には現在進行形に当たる形がないのでそれほど頻繁ではなく、おもに書き言葉で用いられます。

現在分詞は動詞の現在形の nous の形の語幹に -ant の語尾をつけて作りますが、一部の動詞（être, avoir, savoir）は特殊な形を取ります。主な動詞の現在分詞形を見ておきましょう。

◆ 現在分詞の作り方は、例えば faire の場合は nous faisons → fais + ant = faisant のようにします。

| 原形 | 現在分詞 | 原形 | 現在分詞 | 原形 | 現在分詞 |
|---|---|---|---|---|---|
| parler | parlant | finir | finissant | être | étant |
| avoir | ayant | faire | faisant | prendre | prenant |
| attendre | attendant | partir | partant | savoir | sachant |

現在分詞には形容詞のように名詞を修飾したり、副詞的に文全体を修飾する用法があります。形容詞のように使われますが、動詞の性質が強いために、ふつうは名詞や文の主語に性・数の一致をすることはありません。

Il y a des garçons *courant* dans la cour. 運動場を走っている男の子たちがいます。[名詞を修飾]

*Partant* dans la matinée, nous y sommes arrivés le soir.

私たちは午前中に出発して、夕方にはそこに着きました。[文を修飾]

◆ 現在分詞の中には intéressant（興味深い）や suffisant（十分な）のように完全に形容詞化したものもあり、これらは性・数の一致をします。 les places *payantes* 有料の座席

## ■ ジェロンディフ ⏵085

ジェロンディフは現在分詞を使って〈en + ～ant〉の形で表します。文を副詞的に修飾し、「～しながら」「～することによって」「～すれば」などさまざまな意味を表します。

Elle prépare le dîner **en écoutant** la radio.　彼女はラジオを聴きながら夕食の支度をします。

J'ai appris beaucoup de choses **en lisant** ce livre.

私はこの本を読むことによって多くのことを学びました。

✏️ 日本語に合うように、[　　　] の動詞を現在分詞に変えて文を完成させましょう。 ⏵086

1) 私は昨日フランス語を上手に話す男の子に会いました。

Hier, j'ai rencontré un garçon ＿＿＿＿＿＿＿ bien français. [parler]

2) ヤニスが彼に会いたがっていることを知って、彼はすぐ彼女に電話しました。

＿＿＿＿＿＿＿ que Yanis voulait le voir, il lui a téléphoné tout de suite. [savoir]

3) このカードを使って部屋に入ることができます。

Vous pouvez entrer dans votre chambre en ＿＿＿＿＿＿＿ cette carte. [utiliser]

4) マチューはメールを書きながら朝食を食べました。[écrire]

Mathieu a pris son petit déjeuner en ＿＿＿＿＿＿＿ un e-mail. [écrire]

## ■ 受動態 ⏵087

「～される」という受け身の意味を表す受動態の文は、次のようにして作ります。

| être + 過去分詞 + par (de) ～ | ～によって‥される |
|---|---|

英語と同じ作り方ですが、フランス語の場合には過去分詞が文の主語に**性・数の一致**をすることに注意しましょう。

Toutes les portes **sont fermées** à clé **par** la concierge.

全てのドアは管理人によって鍵をかけられました。

La lettre **a été écrite par** un peintre célèbre.　その手紙はある有名な画家によって書かれました。

◆ 「～によって」と動作主を表すのには、通常は **par** を使いますが、aimer, respecter（尊敬する）、connaître, accompagner（伴う）など、状態を表す一部の動詞では **de** を使うこともあります。

Notre directeur **est respecté de** tout le monde.　校長先生は誰からも尊敬されています。

✏️ 次のそれぞれの能動態で書かれた文を受動態に書き換えてみましょう。 ⏵088

1) Jacqueline invite M. Nakamura.　ジャクリーヌはナカムラさんを招待します。

＿＿＿＿＿＿＿＿＿＿＿＿＿＿＿＿＿＿＿＿＿＿＿＿＿＿＿＿＿＿

2) Laurent a pris ces photos.　ローランがそれらの写真を撮りました。

＿＿＿＿＿＿＿＿＿＿＿＿＿＿＿＿＿＿＿＿＿＿＿＿＿＿＿＿＿＿

3) Tous les jeunes connaissent cette chanteuse.　若い人は皆その歌手を知っています。

＿＿＿＿＿＿＿＿＿＿＿＿＿＿＿＿＿＿＿＿＿＿＿＿＿＿＿＿＿＿

## ■ 過去分詞の形容詞的な用法　　　　　　　　　　　　　　　　　　◎089

過去分詞は助動詞 avoir や être と組み合わされて複合過去などの文を作りますが、それ以外にも現在分詞と同じように**名詞を修飾**したり、副詞的に**文全体を修飾する**用法があります。多くの場合「～された」「～されて」のように受け身の意味合いで訳されます。

◆　これらの用法では、過去分詞は修飾する名詞や文の主語に性・数の一致をします。

　　　Ce sont les cadeaux **offerts** aux clients par le magasin.

　　　　　それらは店からお客様に贈られるプレゼントです。[名詞を修飾]

　　　**Accompagné** de ses parents, l'enfant avait l'air content.

　　　　　両親に付き添われて、その子どもはうれしそうでした。[文を修飾]

◆　étonner（驚かせる）, satisfaire（満足させる）のように、「～させる」という意味の動詞の場合、過去分詞の訳が「～する（して）」となることもあります。

　　　**Étonnée** de la nouvelle, elle ne pouvait rien dire.　知らせに驚いて、彼女は何も言えませんでした。

✎　日本語に合うように、[　　　]の動詞を過去分詞に変えて文を完成させましょう。　◎090

1) 学生たちが選んだ本はどれですか？

　　　Quels sont les livres (　　　　　　　) par les étudiants ? [choisir]

2) 洗濯が終わったシャツは椅子の上にありますよ。

　　　Les chemises déjà (　　　　　　　) sont sur la chaise.  [laver]

3) これは1970年に建てられた古いビルです。

　　　C'est un vieil immeuble (　　　　　　　) en 1970. [construire]

　　　　　　　　　　　　　　　　　　　　　　　　　　　　　　　　　　◎091

### ユーロによる金額の表し方

ヨーロッパでは通貨ユーロが広く使われています。日々生活する上でも、旅行に出かけるときでも、お金のやりとりは欠かせません。ユーロを使いこなせるように、ユーロによる金額の表し方をぜひ知っておきましょう。

◆　ユーロ（euro, €）は男性名詞で、1ユーロは un euro、2ユーロ以上は複数の s がつきます。また euro は母音で始まるので、数字との間でリエゾンやアンシェヌマンが起きます。

　　　15 € = quinze euros　　　　　　26 € = vingt-six euros

　　　　　　　　　　　　　　　　＊9 €（neuf euros）はリエゾンしません。

◆　ユーロの100分の1はサンチーム centime(s) と言います。フランス語では小数点はヴィルギュール（コンマ）で示し、次のように表します。

　　　45,30 € = 45 € 30 = quarante-cinq euros trente

通常 centime(s) は1ユーロ未満のときのみ発音します。0,80 € = quatre-vingts centimes

◕〈　次の金額を口に出して言ってみましょう。　　　　　　　　　　　◎092

　　　1) 58 €　　　　2) 32,10 €　　　3) 0,75 €　　　4) 250 €

## Le français en scène  市場  Le marché

### Dialogue ▶093

*Emma* : Bonjour, combien coûte ce melon ?

*Vendeur* : Il coûte 3 euros le kilo. Celui-ci pèse 1,5 kilo, cela fait donc 4,50 euros.

*Emma* : D'accord, je vais le prendre. Et combien coûtent ces fraises ?

*Vendeur* : Elles sont à 4 euros la barquette.

*Emma* : Très bien, je vais en prendre deux.

*Vendeur* : Merci, madame. Ce sera tout ?

*Emma* : Oui, c'est tout, merci. Ça fait combien ?

### Vocabulaire ▶094

fruits 果物   légumes 野菜   viande 肉   poisson 魚   fromage チーズ   vin ワイン
fleur 花   vendeur / vendeuse 店員   cher 高い   bon marché 安い   panier かご
sac 袋、バッグ

### Phrases utiles ▶095

Je voudrais un kilo de carottes, s'il vous plaît.　ニンジンを1キロほしいのですが。

Avez-vous du poisson frais aujourd'hui ?　今日は新鮮な魚は入っていますか？

Les pommes sont bon marché en ce moment.　今はリンゴが安くなっています。

Est-ce que vous avez des produits locaux ?　この地方の産物はありますか？

Je vais prendre une douzaine d'œufs, s'il vous plaît.　卵を1ダース買いたいのですが。

Ce sera tout ? – C'est tout, merci.　「これだけですか？」「はい、それだけです」

C'est combien ?　これはいくらですか？ / Ça fait combien ?　合計いくらになりますか？

# 8 Si j'avais de l'argent, je voyagerais.

**A : Tu restes à Paris pendant toutes les vacances ?**

ヴァカンスの間はずっとパリにいるつもりかい？

**B : Si j'avais de l'argent, je voyagerais.** お金があったら旅行に行くんだけどね。

- - - - - - - - - - - - - - - - - - - - - - - - - - - - - - - - - - - - - - - - - - -

**A : Vous avez beaucoup de disques !** たくさんのディスクをお持ちですね！

**B : Et lequel voulez-vous écouter ?** それで、どれをお聴きになりたいですか？

## ■ 条件法現在

事実とは反対のことを仮定して、「もし〜なら、〜だろうに」の意味を表すのには条件法を使います。英語の仮定法に相当します。条件法には現在と過去の２つがありますが、現在の仮定には条件法現在を使います。

> 条件法現在の構文：「もし〜なら、〜だろうに」
>
> **Si + S + V〔半過去形〕, S + V〔条件法現在形〕**

「もし〜なら」と事実と反対のことを仮定する部分の動詞には半過去形を用い、「〜だろうのに」とその帰結を表す部分には条件法現在形を使います。条件法現在形の活用は次のようになります。

097

| regarderの条件法現在「見るだろうに」 | | êtreの条件法現在「〜だろうに」 | |
|---|---|---|---|
| je regarderais | nous regarderions | je serais | nous serions |
| tu regarderais | vous regarderiez | tu serais | vous seriez |
| il regarderait | ils regarderaient | il serait | ils seraient |
| elle regarderait | elles regarderaient | elle serait | elles seraient |

条件法現在形の語幹は全ての動詞について単純未来形と同じです。また語尾はrに半過去の語尾をつけたものになります。おもな動詞の条件法現在形（jeの形）を見ておきましょう。

098

| 原形 | | 条件法現在 | 原形 | | 条件法現在 |
|---|---|---|---|---|---|
| finir | 終える | je finirais | avoir | 持っている | j'aurais |
| faire | する、作る | je ferais | prendre | 取る | je prendrais |
| aller | 行く | j'irais | venir | 来る | je viendrais |
| vouloir | 〜したい | je voudrais | pouvoir | 〜できる | je pourrais |

*Si* Julien *parlait* mieux japonais, il *travaillerait* dans notre entreprise.

　　もしジュリアンが日本語がもっと上手に話せたら、私たちの会社で働くのですが。

*S'*il *faisait* beau aujourd'hui, on *pourrait* se promener dans la forêt.

　　もし今日いい天気だったら、森を散歩できるだろうのにね。

◆ Si で始まる節の代わりに sans（もし〜がなければ）や à votre place（あなたの立場なら）など
を使って事実とは反対の仮定を表すこともできます。

　　*Sans* musique, la vie *serait* triste.　　音楽がなければ人生はさびしいでしょう。

◆〈comme si + 半過去形〉は英語の as if に相当し「まるで〜であるかのように」の意味を表します。また意味が過去のときは〈comme si + 大過去形〉を使います。

　　Elle parle *comme si* elle *connaissait* la ville.　　彼女はまるでその町を知っているかのように話します。

◆ vouloir, aimer, pouvoir などの動詞の条件法現在形は、語調を和らげて控えめでていねいな言い方にするのにも用いられます。

　　Je *voudrais* visiter le château aujourd'hui.　　今日お城を見学したいのですが。

　　*Pourriez*-vous me prêter ces livres ?　　これらの本を私に貸していただけますか？

✎ 日本語に合うように、[　　　]の動詞を適当な形に変えて文を完成させましょう。　　●099

1) ピエールがいたら、いっしょにテニスをするんだけどね。

　　Si Pierre était là, je ⎯⎯⎯⎯⎯⎯⎯⎯⎯ au tennis avec lui.　[jouer]

2) もし時間があれば、買い物に行くところなのですが。

　　Si nous ⎯⎯⎯⎯⎯⎯⎯⎯⎯ du temps, nous irions faire les courses.　[avoir]

3) もし私の立場なら、あなたはどうなさいますか？

　　À ma place, qu'est-ce que vous ⎯⎯⎯⎯⎯⎯⎯⎯⎯ ?　[faire]

## ■ 条件法過去

過去の事実とは反対のことを仮定して、「もし〜していたら、〜だったろうに」の意味を表すのには
**条件法過去**を使います。条件法過去は次のような構文になります。

| **条件法過去の構文**：「もし〜していたなら、〜だったったろうに」 |
|---|
| **Si + S + V [大過去形], S + V [条件法過去形]** |

**大過去形**はすでに学んだように〈助動詞 avoir / être の半過去形＋過去分詞〉（→ Leçon 5）、**条件法過去形**は〈助動詞 avoir / être の条件法現在形＋過去分詞〉で表します。条件法過去形は複合過去の助動詞を条件法現在形にしたものと考えるとわかりやすいでしょう。

●100

| regarderの条件法過去「見ただろうに」 ||
|---|---|
| j'aurais regardé | nous aurions regardé |
| tu aurais regardé | vous auriez regardé |
| il aurait regardé | ils auraient regardé |
| elle aurait regardé | elles auraient regardé |

| partirの条件法過去「出発しただろうに」 ||
|---|---|
| je serais parti(e) | nous serions parti(e)s |
| tu serais parti(e) | vous seriez parti(e)(s) |
| il serait parti | ils seraient partis |
| elle serait partie | elles seraient parties |

◆ 大過去・条件法過去ともに、助動詞に être を使う場合は過去分詞の性・数の一致に注意しましょう。

**Si** tu **étais venue** chez moi hier, tu **aurais pu** voir Charlotte.

> もしあなたが昨日私の家に来ていたら、シャルロットに会えたでしょうに。

**Si** nous n'**avions** pas **pris** le taxi, nous ne **serions** pas **arrivés** à temps.

> もしタクシーに乗らなかったら、私たちは時間までには着かなかったでしょう。

🖊 日本語に合うように、[　　　　] の動詞を適当な形に変えて文を完成させましょう。　　🔘101

1) あなたの援助がなければ、この計画は成功していなかったでしょう。

　　Sans votre aide, le projet n'＿＿＿＿＿＿＿ pas ＿＿＿＿＿＿＿. [réussir]

2) パーティーに来ていたら、君も大いに楽しめたのにね。

　　Si tu ＿＿＿＿＿＿＿ à la fête, tu te serais bien amusé. [venir]

3) もしその劇を見ていたら、あなたもきっと気に入ったでしょう。

　　Si vous aviez vu le spectacle, vous l'＿＿＿＿＿＿＿. [aimer]

## ■ 選択を尋ねる疑問代名詞　　🔘102

「～のうちのどれ（誰）ですか？」と、相手が選ぶものや人を尋ねるのには、定冠詞と疑問形容詞 quel を組み合わせた lequel などの疑問詞を使います。形は尋ねる対象の性・数に応じて次のように変化します。

| 男性単数 | 女性単数 | 男性複数 | 女性複数 |
|---|---|---|---|
| lequel | laquelle | lesquels | lesquelles |

**Lequel** de ces trois garçons est le plus intelligent ?

> その３人の男の子のうち、誰がいちばん頭がいいですか？

Dans ce disque, il y a deux chansons que je préfère. – **Lesquelles** ?

> 「このディスクで、私が気に入っている歌が２曲あるのよ」「それはどの歌なの？」

これらの疑問代名詞の前に前置詞の **à** や **de** が来ると、前置詞と定冠詞の場合と同じく縮約が起こります。

**Auquel** de ses frères a-t-elle prêté le dictionnaire ? (auquel = à + lequel)

> 彼女は兄弟のどちらに辞書を貸したのですか？

🖊 文脈に合うように、(　　　) に lequel などの疑問詞を入れてみましょう。　　🔘103

1) お皿に２個のケーキが載っています。どちらを取りますか？

　　Il y a deux gâteaux sur l'assiette. Vous prenez (　　　　　) ?

2) 彼の娘たちの中でどの子が一番英語を上手に話しますか？

　　(　　　　　) de ses filles parle le mieux anglais ?

3) これらの靴の中でどれがお気に入りですか？

　　(　　　　　) de ces chaussures est-ce que vous préférez ?

## Le français en scène レストラン Le restaurant

### Dialogue ▶104

*Yuichi* : Bonjour. Pouvez-vous me donner la carte, s'il vous plaît ?

*Serveuse* : Bien sûr, la voici. (...) Alors, avez-vous choisi votre plat ?

*Yuichi* : Oui, je vais prendre le steak-frites, s'il vous plaît.

*Serveuse* : Très bien, et comme boisson ?

*Yuichi* : Je vais prendre un verre d'eau, merci.

*Serveuse* : Et est-ce que vous voulez un dessert ?

*Yuichi* : Non, merci. Je ne prends pas de dessert.

### Vocabulaire ▶105

carte メニュー　　menu 定食コース　　plat du jour 本日の料理　　entrée 前菜

plat principal 主菜　　fromage チーズ　　dessert デザート　　boisson 飲み物　　vin ワイン

eau minérale ミネラルウォーター　　addition 勘定

### Phrases utiles ▶106

Je voudrais réserver une table pour deux personnes.　2人でテーブルを予約したいのですが。

Vous êtes combien ?　– Nous sommes quatre. 「何名さまですか？」「4人です」

Quel est le plat du jour ?　本日の料理は何ですか？

Je voudrais commander ce menu, s'il vous plaît.　この定食コースを注文したいのですが。

Est-ce que vous avez une carte des vins ?　ワインリストはありますか？

C'était délicieux, merci !　おいしかったです！　ありがとう。

L'addition, s'il vous plaît.　お勘定してください。

**1** 最初に書かれた日本語の意味になるように、適当な関係代名詞（qui, que, où, dont）を使ってそれぞれの２つのフランス語の文をつないでひとつの文にしてください。5) は強調構文を使った文にしなさい。

1) 君が昨日買った本を見せてくれる？

Tu as acheté le livre hier. Tu peux me le montrer ?

......................................................................................

2) あれが私たちが夕食を食べたレストランです。

Voilà le restaurant. Nous avons dîné là-bas.

......................................................................................

3) 赤い服を着ている女の子はローズの妹です。

La fille porte la robe rouge. Elle est la sœur de Rose.

......................................................................................

4) これは彼女がとてもほしがっている帽子です。

C'est le chapeau. Elle a très envie de ce chapeau.

......................................................................................

5) 私が教授と会う約束をしているのは水曜日です。

J'ai rendez-vous avec mon professeur. C'est mercredi.

......................................................................................

......................................................................................

**2** 仏検 対応問題に挑戦！

次の1)〜4) において、それぞれ①〜⑤をすべて用いて文を完成したときに、（　　）内に入るのはどれですか。①〜⑤のなかから１つずつ選びなさい。

1) Elles _____ _____ (　　　　) _____ matin.

    ① ce      ② levées      ③ se      ④ sont      ⑤ tôt

2) Il _____ _____ (　　　　) _____ le journal.

    ① boit      ② café      ③ en      ④ lisant      ⑤ un

3) Paul _____ _____ (　　　　) _____ sa sœur.

    ① à      ② dîner      ③ est      ④ invité      ⑤ par

4) C'est _____ _____ (　　　　) _____ besoin.

    ① a      ② dictionnaire      ③ dont      ④ il      ⑤ le

仏検 対応問題に挑戦！

次の会話を読み、下の1)〜6) について、会話の内容に一致する場合は V (Vrai) 、一致しない場合は F (Faux) と書いてください。

*Jade* ： Allô, Alain. C'est Jade. Tu vas bien ?

*Alain* ： Ah, salut Jade. Qu'est-ce qu'il y a ?

*Jade* ： Tu ne m'as pas encore envoyé le devoir de japonais.

*Alain* ： C'est mon travail ?

*Jade* ： Tu vas en écrire le début, n'est-ce pas ?

*Alain* ： Ah oui, c'est vrai. Je me souviens maintenant.

*Jade* ： Il faut le finir avant jeudi. Il ne reste que trois jours.

*Alain* ： Bon d'accord. J'ai compris. Je vais commencer ce soir.

*Jade* ： Si tu ne veux pas, je demanderai à Paul.

*Alain* ： Non, non. Je le finis et je te l'envoie le plus tôt possible.

1) アランはジャドにまだ日本語の宿題を送っていない。 　　　　　( 　　 )

2) アランは宿題を分担することになっていた。 　　　　　　　　　( 　　 )

3) アランはこれまで忙しくて宿題ができなかった。 　　　　　　　( 　　 )

4) 宿題の期限は木曜日で、あと1日しか残されていない。 　　　　( 　　 )

5) アランはこの日の晩から宿題をすると言っている。 　　　　　　( 　　 )

6) アランが間に合わないので、ジャドはポールに頼むことにした。 ( 　　 )

**4** フランス語の文1)〜4) が3回ずつ読み上げられます。それぞれの文の内容に合ったイラストを①〜④から選びなさい。 ▶107

1) ......................  2) ......................  3) ......................  4) ......................

① 　　　　②

③ 　　　　④

# 9 Tu veux que j'y aille avec toi ?

○108

A : Je ne suis jamais allée à ce magasin.　その店には行ったことがないのよ。

B : Tu veux que j'y aille avec toi ?　それなら僕も一緒に行こうか？

. . . . . . . . . . . . . . . . . . . . . . . . . . . . . . . . . . . . . . . . . . . .

A : J'ai vu Enzo courir à la gare.　エンゾが駅まで走っているのを見ましたよ。

B : Oui, il avait l'air très pressé.　ええ、彼とても急いでいるようでしたね。

## ■ 接続法の考え方と用法　○109

接続法は「頭の中で想定したこと」を表現するための方法です。接続法を使った文はそのような内容に対する「願望」「必要性」「判断」などを表します。例えば次の文で考えてみましょう。

　　Je veux *que* tu *viennes* ici à six heures.　私は君にここに6時に来てほしいです。

この文の接続詞 que 以下は接続法の文になっており、viennes は動詞 venir の接続法現在形です。「君がここに6時に来る」は、まだ実現していない「私」が頭の中で考えた内容で、私はそうなることを望んでいるのです。このように頭の中である内容を「想定」するときに接続法を使います。

接続法が使われる構文はある程度決まっていますので、まずどのような場合に使われるのかを知って、しだいに慣れるようにしましょう。接続法が使われる主な構文を挙げておきます。次のそれぞれの構文の V が接続法の活用になります。

| vouloir que + S + V | SがVしてほしい |
|---|---|
| souhaiter que + S + V | SがVすることを願う |
| pour que + S + V | SがVするために |
| avant que + S + V | SがVする前に |
| bien que + S + V | SがVではあるが |
| ne pas penser (croire) que + S + V* | SがVだとは思わない |
| il faut que + S + V | SがVしなければならない |
| il est important (nécessaire) que + S + V | SがVすることが重要（必要）だ |

＊ penser (croire) que + S + V「S が V だと思う」は、肯定文では通常の言い方（直説法）になります（→ p.36）。

48

## ■ 接続法現在

接続法現在形の活用は次のようになります。

○ 110

| parler (話す) の接続法現在 | |
|---|---|
| je parle | nous parlions |
| tu parles | vous parliez |
| il parle | ils parlent |
| elle parle | elles parlent |

| finir (終える) の接続法現在 | |
|---|---|
| je finisse | nous finissions |
| tu finisses | vous finissiez |
| il finisse | ils finissent |
| elle finisse | elles finissent |

活用形の**語尾**は基本的には **nous と vous 以外**は第1群規則動詞の**現在形**と同じ、**nous と vous** は**半過去形**と同じと考えるといいでしょう。**語幹**は基本的に**現在形の ils / elles** のものと同じです。

次に上の第1群・第2群規則動詞以外の**おもな動詞の接続法現在**の活用を je と nous の形で見ていきます。一部不規則なものがありますが、少しずつ慣れるようにしましょう。

○ 111

| 原形 | 接続法現在 | | 原形 | 接続法現在 | |
|---|---|---|---|---|---|
| être | je sois | nous soyons | avoir | j'aie | nous ayons |
| faire | je fasse | nous fassions | prendre | je prenne | nous prenions |
| aller | j'aille | nous allions | venir | je vienne | nous venions |
| partir | je parte | nous partions | attendre | j'attende | nous attendions |

**être** と **avoir** の接続法現在はとくに不規則なので巻末の活用表で確認しておきましょう。

Je *souhaite que* vous *veniez* chez nous.　私はあなたが私たちの家に来ることを願っています。

Elle m'aide *pour que* je *réussisse* à l'examen.　彼女は私が試験に合格するように手伝ってくれます。

✎ 日本語に合うように、[　　　] の動詞を接続法現在に変えて文を完成させましょう。 ○ 112

1) エミリーは君に一緒に歌ってほしいそうだよ。

Émilie veut que tu ................................ avec elle. [chanter]

2) 彼女は若いですが、たくさんのことを知っています。

Bien qu'elle ................................ jeune, elle connaît beaucoup de choses. [être]

3) 私たちは夜になる前に町に着かなくてはいけません。

Nous devrons arriver à la ville avant qu'il ................................ nuit. [faire]

## ■ 接続法過去

接続法の文で que 以下の内容が過去を表しているときは**接続法過去**を使います。接続法過去形は**〈助動詞 avoir / être の接続法現在形＋過去分詞〉**で表します。複合過去の助動詞の avoir や être を接続法現在形に変えたものと考えるといいでしょう。

| parler（話す）の接続法過去 | | aller（行く）の接続法過去 | |
|---|---|---|---|
| j'aie parlé | nous ayons parlé | je sois allé(e) | nous soyons allé(e)s |
| tu aies parlé | vous ayez parlé | tu sois allé(e) | vous soyez allé(e)(s) |
| il ait parlé | ils aient parlé | il soit allé | ils soient allés |
| elle ait parlé | elles aient parlé | elle soit allée | elles soient allées |

▶113

Je ne pense pas *qu*'ils *aient* bien *dormi*.　私には彼らがよく眠れたとは思えません。

Nous sommes heureux *que* vous *soyez venue*.　私たちはあなたが来てくれてうれしく思います。

✎ 日本語に合うように、[　　　]の動詞を接続法過去に変えて文を完成させましょう。 ▶114

1) 彼女が遅刻したのも当然です。

　Il est naturel qu'elle ＿＿＿＿＿＿＿＿＿＿ en retard.　[arriver]

2) 彼はその映画が気に入ったと思いますか？

　Croyez-vous qu'il ＿＿＿＿＿＿＿＿＿＿ le film ?　[aimer]

3) 君は土曜日にはレポートを書き終えてなくてはいけないよ。

　Il faut que tu ＿＿＿＿＿＿＿＿＿＿ ton rapport samedi.　[terminer]

## ■ 感覚動詞 ▶115

regarder（見る）、voir（見える）、écouter（聞く）、entendre（聞こえる）、sentir（感じる）など
感覚を表す動詞に、動詞の原形（不定形）を組み合わせて、「誰々が〜するのを見る（聞く）」などの
文を作ることができます。基本的には感覚動詞のあとに動作の意味上の主語を置いて、次のように文
を作ります。

| 感覚動詞 ＋ 意味上の主語 ＋ 動詞の原形（不定形） | 〜が…するのを見る（聞く、感じる）etc. |
|---|---|

Elle *regarde son fils jouer* au football.　彼女は息子がサッカーをするのを見ています。

J'*ai entendu quelqu'un entrer* dans la maison.　私には誰かが家に入ってくるのが聞こえました。

動詞が自動詞で、単独で使われている場合は、動作の意味上の主語をうしろに置くこともできます。

Il *entend chanter les oiseaux*.　彼には鳥たちが歌うのが聞こえます。

また動作の意味上の主語を代名詞にするときには、直接目的補語にして感覚動詞の前に置きます。

Je *la vois marcher* dans la rue.　私には彼女が通りを歩いているのが見えます。

✎ 日本語に合うように、[　　　]の中の語を並び替えて正しい文にしてください。 ▶116

1) アンヌがピアノを弾くのを聴きたいです。　Je voudrais [ Anne, du, écouter, jouer ] piano.

2) 私たちは地面が揺れるのを感じました。　Nous [ avons, la, senti, terre ] trembler.

3) 彼女が校庭を走っているのが見えますか。　Vous [ courir, dans, la, voyez ] la cour ?

## Le français en scène 趣味・娯楽 Les loisirs

### Dialogue ▶117

*Maxime* : Salut, on va au cinéma ce soir ?

*Louise* : Pourquoi pas ? Quel film veux-tu voir ?

*Maxime* : J'ai entendu parler d'un film français qui vient de sortir, *Le Voyage*.

*Louise* : Ça a l'air intéressant ! On se retrouve à 19h devant le cinéma ?

*Maxime* : Parfait, je vais acheter les billets en ligne. À tout à l'heure !

*Louise* : Oui, à tout à l'heure !

### Vocabulaire ▶118

loisirs 余暇、レジャー    billet チケット    horaire スケジュール    programme プログラム

film 映画    théâtre 演劇、劇場    spectacle 見世物、ショー    concert コンサート

musée 美術館    exposition 展覧会    festival フェスティバル    salle de sport ジム

### Phrases utiles ▶119

Je voudrais deux billets pour le concert de ce soir.
今晩のコンサートのチケットを2枚買いたいのですが。

Je voudrais réserver un billet pour le spectacle.    ショーのチケットを1枚予約したいのですが。

À quelle heure commence le film ?    映画は何時に始まりますか？

Combien coûte l'entrée pour l'exposition ?    展覧会の入場料はいくらしますか？

Est-ce que je peux prendre des photos ici ?    ここで写真を撮ってもいいですか？

Où est-ce qu'on peut acheter le catalogue ?    カタログはどこで買えますか？

Où est la sortie du parc d'attraction ?    遊園地の出口はどこですか？

# 10 Il dit qu'il veut aller étudier en France.

○ 120

**A : Votre fils aime beaucoup la peinture.**

息子さんは絵画が大好きなんですね。

**B : Oui, il dit qu'il veut aller l'étudier en France.**

ええ、彼はフランスに留学したいと言ってますよ。

........................................................................................

**A : Le musée d'Orsay fut inauguré en 1986.**

オルセー美術館は 1986 年に開館しました。

**B : Alors, c'est plutôt récent.**　それでは、わりと最近のことなのですね。

## ■ 直接話法と間接話法

○ 121

誰かが言ったことを文で表すとき、話した内容を引用符（guillemet ギュメ）でそのまま引用するのが直接話法であり、que などの接続詞を使って文に組み込むのが間接話法です。次の例で比較してみましょう。

　　　Sylvie me dit : « Je vais à Paris. »　　シルヴィは私に「私はパリに行くわ」と言います。[直接話法]
　　　Sylvie me dit *qu'*elle va à Paris.　　シルヴィは私に自分はパリに行くのだと言います。[間接話法]

直接話法では相手が言った言葉をそのまま引用し、それを « 　» （ギュメ）でくくっています（フランス語では英語のような " " は使いません）。間接話法ではシルヴィの言葉を接続詞 que で引用しますが、言われた内容が私の立場から見た elle va という主語と動詞の形に書き換えられていることに注意します。

◆　que はうしろが il(s), elle(s), on のように母音で始まるときはエリジオンして qu' となります。英語の say that の that と違い、この que は省略することはできません。

### ● 疑問文の間接話法

疑問文を間接話法で引用する場合は、動詞 demander（尋ねる）を使います。さらにそれが Oui / Non で答えられる質問の場合は、接続詞 si（〜かどうか）によって質問の内容を導き、疑問詞を使った疑問文の場合には、その疑問詞を使って質問内容を導きます。

　　　Je demande à Kevin : « Tu es musicien ? »

私はケヴィンに「君はミュージシャンかい？」と尋ねます。[直接話法]

　　　Je demande à Kevin *s'*il est musicien.　私はケヴィンに彼がミュージシャンかどうか尋ねます。[間接話法]
　　　Elle me demande : « Où est Jacques ? »　彼女は私に「ジャックはどこ？」と尋ねます。[直接話法]
　　　Elle me demande *où* est Jacques.　　　彼女は私にジャックはどこかと尋ねます。[間接話法]

◆ 「何を（に）」と尋ねる疑問文には **ce que**、「何が」と尋ねる疑問文には **ce qui** を使います。

    Il me demande *ce que* je veux manger.    彼は私に何を食べたいのか尋ねます。

## ● 命令文の間接話法

**命令文**を間接話法で表す場合は、相手に命令している場合は〈**dire à (人) de 動詞の原形**〉（人に〜するように言う）という構文を、何かを頼んでいる場合は〈**demander à (人) de 動詞の原形**〉（人に〜するように頼む）という構文を使います。

    Je dis à Axel : « Attends un peu. »    私はアクセルに「ちょっと待って」と言います。[直接話法]

    Je *dis à* Axel *d'*attendre un peu.    私はアクセルに少し待つように言います。[間接話法]

    Elle me dit : « Ouvrez la porte, s'il vous plaît. »

                                 彼女は私に「ドアを開けてください」と言います。[直接話法]

    Elle *me demande d'*ouvrir la porte.    彼女は私にドアを開けるよう頼みます。[間接話法]

## ■ 時制の一致        ◗122

間接話法で、文全体の動詞が『〜と言った』のように過去形になっているとき、que 以下の動詞は、直接話法で話した内容が現在なら、それを受けて**半過去形**に変わります。これを**時制の一致**といいます。次の例で見てみましょう。

    Elle m'a demandé : « Tu es heureuse ? »    彼女は私に「あなたは幸せなの？」と尋ねました。[直接話法]

    Elle m'a demandé si j'*étais* heureuse.    彼女は私に、私が幸せかどうか尋ねました。[間接話法]

◆ 直接話法で話した内容が**過去形**で表される場合には、que 以下の動詞は「過去の過去」で**大過去形**になります。また話した内容が**未来形**（単純未来）の場合は、que 以下の動詞は**条件法現在形**になります。

    Il a dit : « J'ai déjà fini de manger. »    彼は「僕はもう食事をすませたよ」と言いました。[直接話法]

    Il a dit qu'il *avait* déjà *fini* de manger.    彼はもう食事はすませたと言いました。[間接話法]

    J'ai demandé à Nicolas où il *travaillerait* après ses études.

                                 私はニコラに卒業したらどこで働くのか尋ねました。

✎ 次の直接話法で書かれた文を、それぞれ間接話法に書き換えてみましょう。    ◗123

1) Elle me dit : « Vous avez de la chance. »   彼女は私に「あなたはラッキーだ」と言います。

    → ............................................................................................................................

2) Il m'a demandé : « Le film est intéressant ? »   彼は「その映画は面白いの？」と私に尋ねました。

    → ............................................................................................................................

3) Jacques dit à Lucie : « Prête-moi ton stylo. »   ジャックはリュシーに「ペンを貸して」と言います。

    → ............................................................................................................................

## ■ 単純過去

フランス語の過去形には、複合過去、半過去の他に単純過去があります。今日の日常会話で使われることはありませんが、小説や物語などの文章では「〜した」と過去を表現するのに現在でも普通に使われています。これからフランス語の小説などを読んでみたいと思っている人は知っておいた方がいいでしょう。

> Le pianiste **commença** à jouer.　そのピアニストは演奏を始めました。(< commencer)
>
> Je **fus** tout seul dans le train.　私はたったひとりで電車に乗っていました。(< être)

単純過去の活用は次のようになります。実際に文章で見る単純過去はほとんどが三人称〔彼 ( ら )・彼女 ( ら )〕ですので、そこを重点的に覚えるといいでしょう。

| regarderの単純過去「見た」 ||
| --- | --- |
| je regardai | nous regardâmes |
| tu regardas | vous regardâtes |
| il regarda | ils regardèrent |
| elle regarda | elles regardèrent |

| finirの単純過去「終えた」 ||
| --- | --- |
| je finis | nous finîmes |
| tu finis | vous finîtes |
| il finit | ils finirent |
| elle finit | elles finirent |

それ以外の主な動詞の単純過去形を、il と ils の活用形で見ておきます。

| 原形 | 単純過去 || 原形 | 単純過去 ||
| --- | --- | --- | --- | --- | --- |
| **être** | il fut | ils furent | **avoir** | il eut | ils eurent |
| **faire** | il fit | ils firent | **prendre** | il prit | ils prirent |
| **aller** | il alla | ils allèrent | **venir** | il vint | ils vinrent |
| **partir** | il partit | ils partirent | **attendre** | il attendit | ils attendirent |

◆　単純過去は自分で話したり書いたりすることはまずありませんので、文章で見かけたときに、その動詞の原形がわかり、過去の意味だということが理解できれば十分だと言えるでしょう。

✎　それぞれの文について、単純過去形の動詞に下線を引き、その原形を書きましょう。　▶127

1) 彼は正面の扉から入りました。

　　Il entra par la porte de devant.　　　　（原形：　　　　　　　　）

2) それは彼女にとってうれしい驚きでした。

　　Ce fut une bonne surprise pour elle.　　　（原形：　　　　　　　　）

3) 私たちは午後のうちにその村に着きました。

　　Nous arrivâmes au village dans l'après-midi.　（原形：　　　　　　　　）

4) 暖を取るために、彼らは火を起こしました。

　　Pour se réchauffer, ils firent du feu.　　　（原形：　　　　　　　　）

## Le français en scène　ショッピング　Le shopping

### Dialogue

▶128

*Sacha* : Salut, ça te dit d'aller faire du shopping ce weekend ?

*Inès* : Oui, j'aimerais bien trouver une nouvelle paire de chaussures.

*Sacha* : Super, on se retrouve au centre commercial à 14h samedi ?

*Inès* : Parfait ! On pourra aussi déjeuner là-bas, il y a un nouveau restaurant.

*Sacha* : Excellente idée ! À samedi, alors.

*Inès* : D'accord. Bon après-midi !

### Vocabulaire

▶129

magasin ショップ　　boutique ブティック　　produit 製品　　marque ブランド

soldes セール　　vêtement 服　　chaussures 靴　　accessoire アクセサリー　　sac カバン

centre commercial ショッピングセンター　　grand magasin デパート

### Phrases utiles

▶130

Je cherche des chaussures pour sortir.　外出用の靴を探しています。

Je voudrais essayer cette robe, s'il vous plaît.　このドレスを試着したいのですが。

Est-ce que vous avez des promotions en ce moment ?　いまお買い得の品物はありますか？

Où est le rayon des sacs ?　カバンの売り場はどこですか？

Combien coûte ce jean ?　このジーンズはいくらしますか？

Je voudrais voir d'autres modèles, s'il vous plaît.　他のモデルを見せていただきたいのですが。

Est-ce que vous acceptez les paiements par carte ?　カードでの支払いは大丈夫ですか？

# RÉVISIONS 4

**❶ Exercices actifs** ▶ 131

次の表現の例を参考に、お互いペアになって「相手が自分に何をしてほしいか」「今何をしなくてはいけないか」を尋ね、接続法を使った文で答えてみましょう。

– Qu'est-ce que tu veux que je fasse ?  → Je veux que tu …

– Qu'est-ce qu'il faut faire maintenant ?  → Il faut que nous …

Exemples :

· aider à faire les devoirs d'anglais
· étudier le français pour l'examen
· faire du café
· accompagner à la bibliothèque
· préparer le dîner

· aller acheter un bentô
· déjeuner au restaurant universitaire
· faire de l'exercice pour la santé
· donner des conseils sur le travail

**❷ 仏検 対応問題に挑戦!**

次の対話 1)〜5) の (　) 内の語を必要な形にして、解答欄に書いてください。

1)　– Ils connaissent ce château ?

　　– Oui, ils (venir) ici il y a trois ans.

2)　– J'ai rendez-vous avec elle à trois heures.

　　– Alors il faut que vous (prendre) un taxi.

3)　– Pardon, monsieur. Où est la station de métro ?

　　– Vous la trouverez en (tourner) à droite.

4)　– Qu'est-ce que vous faisiez tout à l'heure ?

　　– Nous (chercher) notre salle de classe.

5)　– Tu peux partir tout de suite ?

　　– Non, pas encore. Mais je (être) prête dans dix minutes.

**3** 次の 1)〜5) に続けるのに最もふさわしい文の後半部分を、あとの ⓐ〜ⓔ から選んで文を完成してください。

1) Le professeur me dit

2) Je vous demande

3) Elle m'a dit

4) Il m'a demandé

5) Louise me demande

ⓐ ce que je faisais dans la vie.

ⓑ de venir à son bureau demain.

ⓒ si je pourrai dîner chez elle samedi.

ⓓ de venir me chercher en voiture.

ⓔ que je n'étais pas gentil avec elle.

**4** 仏検 対応問題に挑戦！　　　　　　　　　　　　　　　　　▶132

フランス語の文 1)〜5) を 3 回ずつ聞き。それぞれの文に最もふさわしいイラストを ①〜⑨ から選びなさい。

1) _____　　2) _____　　3) _____　　4) _____　　5) _____

①

②

③

④

⑤

⑥

⑦

⑧

⑨

# La tour Eiffel

▶ 133

1    La tour Eiffel est un monument très célèbre qui a été créé par Gustave Eiffel à l'occasion de l'Exposition universelle de 1889.

Cette grande tour en fer de 324 mètres est maintenant l'un des symboles de la France que des millions de touristes viennent visiter chaque année. Mais

5   saviez-vous que, pendant la construction, beaucoup d'artistes parisiens de l'époque critiquaient ce nouveau monument ? En plus, il était prévu qu'elle soit détruite vingt ans après l'événement.

Pour la sauver de la destruction, Gustave Eiffel propose d'en faire une antenne de radio géante. Elle servira à écouter les messages de l'armée allemande

10  pendant la Première Guerre mondiale. C'est ainsi que la tour sera définitivement sauvée.

Aujourd'hui, les touristes peuvent monter jusqu'au troisième étage, qui est à 276 mètres, par des escaliers ou en ascenseur. De là, on peut admirer les toits de la ville, la Seine et d'autres monuments de Paris tels que la cathédrale Notre-

15  Dame et l'Arc de Triomphe. C'est un endroit parfait pour prendre des photos.

La tour Eiffel est éclairée la nuit. Elle brille toutes les heures pendant cinq minutes. C'est un spectacle magnifique. Si vous visitez Paris, n'oubliez pas d'aller dire bonjour à la Grande Dame de fer !

今日のパリのシンボルともいえるエッフェル塔は、1889年のパリ万博の際に建てられた。しかしこの鉄の塔は最初から全ての人に歓迎されたわけではなかった。それどころか解体の危機に瀕したこともあるらしい。毎年700万人が訪れ、上に登れば300メートルの高さからパリの絶景を楽しめるエッフェル塔だが、その歴史を知れば何倍も興味が増すに違いない。

## Exercices

【1】 それぞれの文を日本語に訳してみましょう。

1) Cette grande tour en fer de 324 mètres est maintenant l'un des symboles de la France que des millions de touristes viennent visiter chaque année. (l. 3)

..............................................................................................................................................

2) Pour la sauver de la destruction, Gustave Eiffel propose d'en faire une antenne de radio géante. (l. 8)

..............................................................................................................................................

3) De là, on peut admirer les toits de la ville, la Seine et d'autres monuments de Paris tels que la cathédrale Notre-Dame et l'Arc de Triomphe. (l. 13)

..............................................................................................................................................

【2】 次に挙げる語句が指すものを日本語で答えなさい。

1) l'événement (l. 7)          ................................................

2) là (l. 13)          ................................................

3) la Grande Dame de fer (l. 18)          ................................................

【3】 1) ～ 5) が文章の内容に合っていれば V (Vrai) を、合っていなければ F (Faux) を書きましょう。

1) エッフェル塔はギュスタヴ・エッフェルという人物によって建てられた。          (          )

2) エッフェル塔は建設当初から多くのパリの芸術家たちによって絶賛されていた。          (          )

3) エッフェル塔が破壊されずに済んだのは、エッフェルが塔の上からラジオ放送を行なったからである。          (          )

4) エッフェル塔の上の階には、階段を歩いて登っていくこともできる。          (          )

5) エッフェル塔の最上階では、写真撮影が禁止されている。          (          )

## 数字の言い方

| | | | | | |
|---|---|---|---|---|---|
| 1 | un / une | 16 | seize | 80 | quatre-vingts |
| 2 | deux | 17 | dix-sept | 81 | quatre-vingt-un |
| 3 | trois | 18 | dix-huit | 82 | quatre-vingt-deux |
| 4 | quatre | 19 | dix-neuf | 90 | quatre-vingt-dix |
| 5 | cinq | 20 | vingt | 91 | quatre-vingt-onze |
| 6 | six | 21 | vingt et un | 99 | quatre-vingt-dix-neuf |
| 7 | sept | 22 | vingt-deux | 100 | cent |
| 8 | huit | 29 | vingt-neuf | 101 | cent un |
| 9 | neuf | 30 | trente | 200 | deux cents |
| 10 | dix | 40 | quarante | 201 | deux cent un |
| 11 | onze | 50 | cinquante | 1000 | mille |
| 12 | douze | 60 | soixante | 2000 | deux mille |
| 13 | treize | 70 | soixante-dix | 10 000 | dix mille |
| 14 | quatorze | 71 | soixante et onze | 100 000 | cent mille |
| 15 | quinze | 72 | soixante-douze | 1 000 000 | un million |

## 順序の言い方

| | | | |
|---|---|---|---|
| 1番目（の）、最初の | premier / première | | |
| 2番目（の） | deuxième, second(e) | | |
| 3番目（の） | troisième | 9番目（の） | neuvième |
| 4番目（の） | quatrième | 10番目（の） | dixième |
| 5番目（の） | cinquième | 11番目（の） | onzième |
| 6番目（の） | sixième | …… | |
| 7番目（の） | septième | 20番目（の） | vingtième |
| 8番目（の） | huitième | 21番目（の） | vingt et unième |

著者紹介
松村博史（まつむら ひろし）
　近畿大学文芸学部教授

エディ・バンドロム（Eddy Van Drom）
　近畿大学非常勤講師

リエゾン 2

2024 年 2 月 1 日　印刷
2024 年 2 月 10 日　発行

著　者 ©　　松　村　博　史
　　　　　　エディ・バンドロム
発行者　　岩　堀　雅　己
印刷所　　株式会社　三秀舎

101-0052 東京都千代田区神田小川町 3 の 24
電話 03-3291-7811（営業部），7821（編集部）
発行所　　　　　　　　　　　　　株式会社　白水社
www.hakusuisha.co.jp
乱丁・落丁本は送料小社負担にてお取り替えいたします。

振替 00190-5-33228　　Printed in Japan　　誠製本株式会社

ISBN 978-4-560-06154-1

# フランス語の ABC ［新版］

数江譲治 ［著］

わかりやすくて詳しい初級文法の名著．音声アプリ＆カナ表記で発音を
サポート，練習問題・単語集・索引付きの一生モノのリファレンス．

（2 色刷）四六判　274 頁　定価 2420 円（本体2200 円）【音声アプリあり】

# ニューエクスプレスプラス　フランス語

東郷雄二 ［著］

フランス語の世界へようこそ！　きっかけはなんであっても，大事なの
は最初の一歩．言葉の扉の向こうには新しい世界が待っています．音声
アプリあり．

（2 色刷）Ａ５判　159 頁　定価 2090 円（本体 1900 円）【ＣＤ付】

# フラ語入門、わかりやすいにもホドがある！ ［改訂新版］

清岡智比古 ［著］

こんな楽しい入門書あり？　でもやっぱり，オベンキョーは楽しくない
とね．で，楽しい！　→　続けられるわたしってスゴイ！　これですね！

（2 色刷）Ａ５判　197 頁　定価1760 円（本体1600 円）【ＣＤ付】　【音声アプリあり】

重版にあたり，価格が変更になることがありますので，ご了承ください．

## 入門・文法

### ひとりでも学べるフランス語
中村敦子［著］　　　　　　　　　【音声アプリあり】
独習でも「わかった」「発音できる」という実感.
（2色刷）A 5判　190頁　定価2310円（本体2100円）

### アクション！ フランス語 A1
根木昭英／野澤督／G. ヴェスィエール［著］
ヨーロッパスタンダード.　　　【音声ダウンロードあり】
（2色刷）A 5判　151頁　定価2420円（本体2200円）

### みんなの疑問に答える つぶやきのフランス語文法
田中善英［著］　フランス語学習を徹底サポート.
（2色刷）A 5判　273頁　定価2860円（本体 2600円）

## 問題集

### フラ語問題集、なんか楽しいかも！
清岡智比古［著］　　　　　　　【音声ダウンロードあり】
（2色刷）A 5判　218頁　定価2090円（本体1900円）

### 1日5題文法ドリル つぶやきのフランス語
田中善英［著］　日常生活で使える1500題.
四六判　247頁　定価2090円（本体1900円）

### フランス文法はじめての練習帳
中村敦子［著］　まずはこの一冊をやりきろう！
A 5判　186頁　定価1760円（本体1600円）

### 15日間フランス文法おさらい帳［改訂版］
中村敦子［著］　ドリル式で苦手項目を克服！
A 5判　163頁　定価1980円（本体1800円）

### 仏検対策 5級問題集 三訂版　　　【CD付】
小倉博史／モーリス・ジャケ／舟杉真一［編著］
A 5判　127頁　定価1980円（本体1800円）

### 仏検対策 4級問題集 三訂版　　　【CD付】
小倉博史／モーリス・ジャケ／舟杉真一［編著］
A 5判　147頁　定価2090円（本体1900円）

### 仏検対策 3級問題集 三訂版　　　【CD付】
小倉博史／モーリス・ジャケ／舟杉真一［編著］
A 5判　198頁　定価2200円（本体2000円）

## 動詞活用

### フラ語動詞、こんなにわかっていいかしら？［増補新版］
清岡智比古［著］　　　　　　　【音声ダウンロードあり】
（2色刷）A 5判　158頁　定価1760円（本体1600円）

### 徹底整理 フランス語動詞活用 55
高橋信良／久保田剛史［著］　　【音声ダウンロードあり】
（2色刷）A 5判　134頁　定価1980円（本体1800円）

### フランス語動詞完全攻略ドリル
岩根久／渡辺貴規子［著］1500問をコツコツこなす.
A 5判　189頁　定価2200円（本体2000円）

## 発音・会話

### はじめての声に出すフランス語
高岡優希／ジャン＝ノエル・ポレ／富本ジャニナ［著］
語学の独習は最初が肝心！　　　　　　　【CD付】
A 5判　108頁　定価1980円（本体1800円）

### 声に出すフランス語 即答練習ドリル 初級編　　　【音声ダウンロードあり】
高岡優希／ジャン＝ノエル・ポレ／富本ジャニナ［著］
A 5判　122頁　定価2420円（本体2200円）

### やさしくはじめるフランス語リスニング
大塚陽子／佐藤クリスティーヌ［著］
リスニングのはじめの一歩を.　　【音声アプリあり】
（一部2色刷）A 5判　117頁　定価2310円（本体2100円）

### 中級を目指す 60トピックで鍛えるフランス語リスニング
フローラン・ジレル・ボニニ［著］
多聴に最適！　　　　　　　　　【音声ダウンロードあり】
A 5判　150頁　定価2640円（本体2400円）

### サクサク話せる！ フランス語会話
フローラン・ジレル・ボニニ［著］
ネイティブとの会話は怖くない！【音声アプリあり】
A 5判　146頁　定価2530円（本体2300円）

## 日記・作文

### フランス語で日記をつけよう
長野督［著］　毎日「ちょこっと」で実力アップ！
A 5判　184頁　定価1870円（本体1700円）

### 表現パターンを身につけるフランス語作文
塩谷祐人［著］　練習問題でパターンを習得！
A5判　191頁　定価2420円（本体2200円）

## 単語集／熟語集

### フラ語入門、ボキャブラ、単語王とはおこがましい！［増補新版］
清岡智比古［著］　　　　　　　【音声ダウンロードあり】
（2色刷）A 5判　263頁　定価2090円（本体1900円）

### 《仏検》3・4級必須単語集［新装版］【CD付】
久松健一［著］　基礎語彙力養成にも最適！
四六判　234頁　定価1760円（本体1600円）

### DELF A2 対応　　　　　　【音声ダウンロードあり】 フランス語単語トレーニング
モーリス・ジャケ／舟杉真一／服部悦子［著］
四六判　203頁　定価2640円（本体2400円）

### DELF B1・B2 対応　　　【音声ダウンロードあり】 フランス語単語トレーニング
モーリス・ジャケ／舟杉真一／服部悦子［著］
四六判　202頁　定価2860円（本体2600円）

# 動 詞 活 用 表

| | | |
|---|---|---|
| 1 avoir | 18 écrire | 35 pouvoir |
| 2 être | 19 employer | 36 préférer |
| 3 aimer | 20 envoyer | 37 prendre |
| 4 finir | 21 faire | 38 recevoir |
| 5 acheter | 22 falloir | 39 rendre |
| 6 aller | 23 fuir | 40 résoudre |
| 7 appeler | 24 lire | 41 rire |
| 8 asseoir | 25 manger | 42 savoir |
| 9 battre | 26 mettre | 43 suffire |
| 10 boire | 27 mourir | 44 suivre |
| 11 conduire | 28 naître | 45 vaincre |
| 12 connaître | 29 ouvrir | 46 valoir |
| 13 courir | 30 partir | 47 venir |
| 14 craindre | 31 payer | 48 vivre |
| 15 croire | 32 placer | 49 voir |
| 16 devoir | 33 plaire | 50 vouloir |
| 17 dire | 34 pleuvoir | |

| 不定法 | 直　　説　　法 | | | |
|---|---|---|---|---|

## ① avoir

現在分詞 ayant
過去分詞 eu [y]

| 現　在 | 半過去 | 単純過去 | 単純未来 |
|---|---|---|---|
| j' ai [e] | j' avais | j' eus [y] | j' aurai |
| tu as | tu avais | tu eus | tu auras |
| il a | il avait | il eut | il aura |
| nous avons | nous avions | nous eûmes | nous aurons |
| vous avez | vous aviez | vous eûtes | vous aurez |
| ils ont | ils avaient | ils eurent | ils auront |

| 複合過去 | 大過去 | 前過去 | 前未来 |
|---|---|---|---|
| j' ai eu | j' avais eu | j' eus eu | j' aurai eu |
| tu as eu | tu avais eu | tu eus eu | tu auras eu |
| il a eu | il avait eu | il eut eu | il aura eu |
| nous avons eu | nous avions eu | nous eûmes eu | nous aurons eu |
| vous avez eu | vous aviez eu | vous eûtes eu | vous aurez eu |
| ils ont eu | ils avaient eu | ils eurent eu | ils auront eu |

## ② être

現在分詞 étant
過去分詞 été

| 現　在 | 半過去 | 単純過去 | 単純未来 |
|---|---|---|---|
| je suis | j' étais | je fus | je serai |
| tu es | tu étais | tu fus | tu seras |
| il est | il était | il fut | il sera |
| nous sommes | nous étions | nous fûmes | nous serons |
| vous êtes | vous étiez | vous fûtes | vous serez |
| ils sont | ils étaient | ils furent | ils seront |

| 複合過去 | 大過去 | 前過去 | 前未来 |
|---|---|---|---|
| j' ai été | j' avais été | j' eus été | j' aurai été |
| tu as été | tu avais été | tu eus été | tu auras été |
| il a été | il avait été | il eut été | il aura été |
| nous avons été | nous avions été | nous eûmes été | nous aurons été |
| vous avez été | vous aviez été | vous eûtes été | vous aurez été |
| ils ont été | ils avaient été | ils eurent été | ils auront été |

## ③ aimer

現在分詞 aimant
過去分詞 aimé

第1群 規則動詞

| 現　在 | 半過去 | 単純過去 | 単純未来 |
|---|---|---|---|
| j' aime | j' aimais | j' aimai | j' aimerai |
| tu aimes | tu aimais | tu aimas | tu aimeras |
| il aime | il aimait | il aima | il aimera |
| nous aimons | nous aimions | nous aimâmes | nous aimerons |
| vous aimez | vous aimiez | vous aimâtes | vous aimerez |
| ils aiment | ils aimaient | ils aimèrent | ils aimeront |

| 複合過去 | 大過去 | 前過去 | 前未来 |
|---|---|---|---|
| j' ai aimé | j' avais aimé | j' eus aimé | j' aurai aimé |
| tu as aimé | tu avais aimé | tu eus aimé | tu auras aimé |
| il a aimé | il avait aimé | il eut aimé | il aura aimé |
| nous avons aimé | nous avions aimé | nous eûmes aimé | nous aurons aimé |
| vous avez aimé | vous aviez aimé | vous eûtes aimé | vous aurez aimé |
| ils ont aimé | ils avaient aimé | ils eurent aimé | ils auront aimé |

## ④ finir

現在分詞 finissant
過去分詞 fini

第2群 規則動詞

| 現　在 | 半過去 | 単純過去 | 単純未来 |
|---|---|---|---|
| je finis | je finissais | je finis | je finirai |
| tu finis | tu finissais | tu finis | tu finiras |
| il finit | il finissait | il finit | il finira |
| nous finissons | nous finissions | nous finîmes | nous finirons |
| vous finissez | vous finissiez | vous finîtes | vous finirez |
| ils finissent | ils finissaient | ils finirent | ils finiront |

| 複合過去 | 大過去 | 前過去 | 前未来 |
|---|---|---|---|
| j' ai fini | j' avais fini | j' eus fini | j' aurai fini |
| tu as fini | tu avais fini | tu eus fini | tu auras fini |
| il a fini | il avait fini | il eut fini | il aura fini |
| nous avons fini | nous avions fini | nous eûmes fini | nous aurons fini |
| vous avez fini | vous aviez fini | vous eûtes fini | vous aurez fini |
| ils ont fini | ils avaient fini | ils eurent fini | ils auront fini |

| 条　件　法 | 接　　続　　法 | | 命　令　法 |
|---|---|---|---|
| 現　在 | 現　在 | 半　過　去 | |
| j' aurais | j' aie [ε] | j' eusse | |
| tu aurais | tu aies | tu eusses | aie |
| il aurait | il ait | il eût | |
| nous aurions | nous ayons | nous eussions | ayons |
| vous auriez | vous ayez | vous eussiez | ayez |
| ils auraient | ils aient | ils eussent | |
| 過　去 | 過　去 | 大　過　去 | |
| j' aurais eu | j' aie eu | j' eusse eu | |
| tu aurais eu | tu aies eu | tu eusses eu | |
| il aurait eu | il ait eu | il eût eu | |
| nous aurions eu | nous ayons eu | nous eussions eu | |
| vous auriez eu | vous ayez eu | vous eussiez eu | |
| ils auraient eu | ils aient eu | ils eussent eu | |
| 現　在 | 現　在 | 半　過　去 | |
| je serais | je sois | je fusse | |
| tu serais | tu sois | tu fusses | sois |
| il serait | il soit | il fût | |
| nous serions | nous soyons | nous fussions | soyons |
| vous seriez | vous soyez | vous fussiez | soyez |
| ils seraient | ils soient | ils fussent | |
| 過　去 | 過　去 | 大　過　去 | |
| j' aurais été | j' aie été | j' eusse été | |
| tu aurais été | tu aies été | tu eusses été | |
| il aurait été | il ait été | il eût été | |
| nous aurions été | nous ayons été | nous eussions été | |
| vous auriez été | vous ayez été | vous eussiez été | |
| ils auraient été | ils aient été | ils eussent été | |
| 現　在 | 現　在 | 半　過　去 | |
| j' aimerais | j' aime | j' aimasse | |
| tu aimerais | tu aimes | tu aimasses | aime |
| il aimerait | il aime | il aimât | |
| nous aimerions | nous aimions | nous aimassions | aimons |
| vous aimeriez | vous aimiez | vous aimassiez | aimez |
| ils aimeraient | ils aiment | ils aimassent | |
| 過　去 | 過　去 | 大　過　去 | |
| j' aurais aimé | j' aie aimé | j' eusse aimé | |
| tu aurais aimé | tu aies aimé | tu eusses aimé | |
| il aurait aimé | il ait aimé | il eût aimé | |
| nous aurions aimé | nous ayons aimé | nous eussions aimé | |
| vous auriez aimé | vous ayez aimé | vous eussiez aimé | |
| ils auraient aimé | ils aient aimé | ils eussent aimé | |
| 現　在 | 現　在 | 半　過　去 | |
| je finirais | je finisse | je finisse | |
| tu finirais | tu finisses | tu finisses | finis |
| il finirait | il finisse | il finît | |
| nous finirions | nous finissions | nous finissions | finissons |
| vous finiriez | vous finissiez | vous finissiez | finissez |
| ils finiraient | ils finissent | ils finissent | |
| 過　去 | 過　去 | 大　過　去 | |
| j' aurais fini | j' aie fini | j' eusse fini | |
| tu aurais fini | tu aies fini | tu eusses fini | |
| il aurait fini | il ait fini | il eût fini | |
| nous aurions fini | nous ayons fini | nous eussions fini | |
| vous auriez fini | vous ayez fini | vous eussiez fini | |
| ils auraient fini | ils aient fini | ils eussent fini | |

| 不定法<br>現在分詞<br>過去分詞 | 直　　説　　法 | | | |
|---|---|---|---|---|
| | 現　　在 | 半　過　去 | 単純過去 | 単純未来 |
| ⑤ **acheter**<br><br>achetant<br>acheté | j' achète<br>tu achètes<br>il achète<br>n. achetons<br>v. achetez<br>ils achètent | j' achetais<br>tu achetais<br>il achetait<br>n. achetions<br>v. achetiez<br>ils achetaient | j' achetai<br>tu achetas<br>il acheta<br>n. achetâmes<br>v. achetâtes<br>ils achetèrent | j' achèterai<br>tu achèteras<br>il achètera<br>n. achèterons<br>v. achèterez<br>ils achèteront |
| ⑥ **aller**<br><br>allant<br>allé | je **vais**<br>tu **vas**<br>il **va**<br>n. allons<br>v. allez<br>ils **vont** | j' allais<br>tu allais<br>il allait<br>n. allions<br>v. alliez<br>ils allaient | j' allai<br>tu allas<br>il alla<br>n. allâmes<br>v. allâtes<br>ils allèrent | j' irai<br>tu iras<br>il ira<br>n. irons<br>v. irez<br>ils iront |
| ⑦ **appeler**<br><br>appelant<br>appelé | j' appelle<br>tu appelles<br>il appelle<br>n. appelons<br>v. appelez<br>ils appellent | j' appelais<br>tu appelais<br>il appelait<br>n. appelions<br>v. appeliez<br>ils appelaient | j' appelai<br>tu appelas<br>il appela<br>n. appelâmes<br>v. appelâtes<br>ils appelèrent | j' appellerai<br>tu appelleras<br>il appellera<br>n. appellerons<br>v. appellerez<br>ils appelleront |
| ⑧ **asseoir**<br><br>asseyant<br>(assoyant)<br>assis | j' assieds [asje]<br>tu assieds<br>il assied<br>n. asseyons<br>v. asseyez<br>ils asseyent<br><br>j' assois<br>tu assois<br>il assoit<br>n. assoyons<br>v. assoyez<br>ils assoient | j' asseyais<br>tu asseyais<br>il asseyait<br>n. asseyions<br>v. asseyiez<br>ils asseyaient<br><br>j' assoyais<br>tu assoyais<br>il assoyait<br>n. assoyions<br>v. assoyiez<br>ils assoyaient | j' assis<br>tu assis<br>il assit<br>n. assîmes<br>v. assîtes<br>ils assirent | j' assiérai<br>tu assiéras<br>il assiéra<br>n. assiérons<br>v. assiérez<br>ils assiéront<br><br>j' assoirai<br>tu assoiras<br>il assoira<br>n. assoirons<br>v. assoirez<br>ils assoiront |
| ⑨ **battre**<br><br>battant<br>battu | je bats<br>tu bats<br>il bat<br>n. battons<br>v. battez<br>ils battent | je battais<br>tu battais<br>il battait<br>n. battions<br>v. battiez<br>ils battaient | je battis<br>tu battis<br>il battit<br>n. battîmes<br>v. battîtes<br>ils battirent | je battrai<br>tu battras<br>il battra<br>n. battrons<br>v. battrez<br>ils battront |
| ⑩ **boire**<br><br>buvant<br>bu | je bois<br>tu bois<br>il boit<br>n. buvons<br>v. buvez<br>ils boivent | je buvais<br>tu buvais<br>il buvait<br>n. buvions<br>v. buviez<br>ils buvaient | je bus<br>tu bus<br>il but<br>n. bûmes<br>v. bûtes<br>ils burent | je boirai<br>tu boiras<br>il boira<br>n. boirons<br>v. boirez<br>ils boiront |
| ⑪ **conduire**<br><br>conduisant<br>conduit | je conduis<br>tu conduis<br>il conduit<br>n. conduisons<br>v. conduisez<br>ils conduisent | je conduisais<br>tu conduisais<br>il conduisait<br>n. conduisions<br>v. conduisiez<br>ils conduisaient | je conduisis<br>tu conduisis<br>il conduisit<br>n. conduisîmes<br>v. conduisîtes<br>ils conduisirent | je conduirai<br>tu conduiras<br>il conduira<br>n. conduirons<br>v. conduirez<br>ils conduiront |

| 条件法 | 接続法 | | 命令法 | 同型 |
|---|---|---|---|---|
| 現　在 | 現　在 | 半過去 | | |
| j' achèterais<br>tu achèterais<br>il achèterait<br>n. achèterions<br>v. achèteriez<br>ils achèteraient | j' achète<br>tu achètes<br>il achète<br>n. achetions<br>v. achetiez<br>ils achètent | j' achetasse<br>tu achetasses<br>il achetât<br>n. achetassions<br>v. achetassiez<br>ils achetassent | achète<br><br><br>achetons<br>achetez | achever<br>lever<br>mener<br>promener<br>soulever |
| j' irais<br>tu irais<br>il irait<br>n. irions<br>v. iriez<br>ils iraient | j' **aille**<br>tu **aille**s<br>il **aille**<br>n. allions<br>v. alliez<br>ils **aille**nt | j' allasse<br>tu allasses<br>il allât<br>n. allassions<br>v. allassiez<br>ils allassent | **va**<br><br><br>allons<br>allez | |
| j' appellerais<br>tu appellerais<br>il appellerait<br>n. appellerions<br>v. appelleriez<br>ils appelleraient | j' appelle<br>tu appelles<br>il appelle<br>n. appelions<br>v. appeliez<br>ils appellent | j' appelasse<br>tu appelasses<br>il appelât<br>n. appelassions<br>v. appelassiez<br>ils appelassent | appelle<br><br><br>appelons<br>appelez | jeter<br>rappeler |
| j' assiérais<br>tu assiérais<br>il assiérait<br>n. assiérions<br>v. assiériez<br>ils assiéraient | j' asseye [asɛj]<br>tu asseyes<br>il asseye<br>n. asseyions<br>v. asseyiez<br>ils asseyent | j' assisse<br>tu assisses<br>il assît<br>n. assissions<br>v. assissiez<br>ils assissent | assieds<br><br>asseyons<br>asseyez | 注 主として代名動詞 s'asseoir で使われる. |
| j' assoirais<br>tu assoirais<br>il assoirait<br>n. assoirions<br>v. assoiriez<br>ils assoiraient | j' assoie<br>tu assoies<br>il assoie<br>n. assoyions<br>v. assoyiez<br>ils assoient | | assois<br><br>assoyons<br>assoyez | |
| je battrais<br>tu battrais<br>il battrait<br>n. battrions<br>v. battriez<br>ils battraient | je batte<br>tu battes<br>il batte<br>n. battions<br>v. battiez<br>ils battent | je battisse<br>tu battisses<br>il battît<br>n. battissions<br>v. battissiez<br>ils battissent | bats<br><br><br>battons<br>battez | abattre<br>combattre |
| je boirais<br>tu boirais<br>il boirait<br>n. boirions<br>v. boiriez<br>ils boiraient | je boive<br>tu boives<br>il boive<br>n. buvions<br>v. buviez<br>ils boivent | je busse<br>tu busses<br>il bût<br>n. bussions<br>v. bussiez<br>ils bussent | bois<br><br><br>buvons<br>buvez | |
| je conduirais<br>tu conduirais<br>il conduirait<br>n. conduirions<br>v. conduiriez<br>ils conduiraient | je conduise<br>tu conduises<br>il conduise<br>n. conduisions<br>v. conduisiez<br>ils conduisent | je conduisisse<br>tu conduisisses<br>il conduisît<br>n. conduisissions<br>v. conduisissiez<br>ils conduisissent | conduis<br><br><br>conduisons<br>conduisez | construire<br>détruire<br>instruire<br>introduire<br>produire<br>traduire |

| 不定法<br>現在分詞<br>過去分詞 | 直　　説　　法 | | | |
|---|---|---|---|---|
| | 現　　在 | 半　過　去 | 単純過去 | 単純未来 |
| ⑫ **connaître**<br><br>connaissant<br>connu | je connais<br>tu connais<br>il connaît<br>n. connaissons<br>v. connaissez<br>ils connaissent | je connaissais<br>tu connaissais<br>il connaissait<br>n. connaissions<br>v. connaissiez<br>ils connaissaient | je connus<br>tu connus<br>il connut<br>n. connûmes<br>v. connûtes<br>ils connurent | je connaîtrai<br>tu connaîtras<br>il connaîtra<br>n. connaîtrons<br>v. connaîtrez<br>ils connaîtront |
| ⑬ **courir**<br><br>courant<br>couru | je cours<br>tu cours<br>il court<br>n. courons<br>v. courez<br>ils courent | je courais<br>tu courais<br>il courait<br>n. courions<br>v. couriez<br>ils couraient | je courus<br>tu courus<br>il courut<br>n. courûmes<br>v. courûtes<br>ils coururent | je courrai<br>tu courras<br>il courra<br>n. courrons<br>v. courrez<br>ils courront |
| ⑭ **craindre**<br><br>craignant<br>craint | je crains<br>tu crains<br>il craint<br>n. craignons<br>v. craignez<br>ils craignent | je craignais<br>tu craignais<br>il craignait<br>n. craignions<br>v. craigniez<br>ils craignaient | je craignis<br>tu craignis<br>il craignit<br>n. craignîmes<br>v. craignîtes<br>ils craignirent | je craindrai<br>tu craindras<br>il craindra<br>n. craindrons<br>v. craindrez<br>ils craindront |
| ⑮ **croire**<br><br>croyant<br>cru | je crois<br>tu crois<br>il croit<br>n. croyons<br>v. croyez<br>ils croient | je croyais<br>tu croyais<br>il croyait<br>n. croyions<br>v. croyiez<br>ils croyaient | je crus<br>tu crus<br>il crut<br>n. crûmes<br>v. crûtes<br>ils crurent | je croirai<br>tu croiras<br>il croira<br>n. croirons<br>v. croirez<br>ils croiront |
| ⑯ **devoir**<br><br>devant<br>dû, due,<br>dus, dues | je dois<br>tu dois<br>il doit<br>n. devons<br>v. devez<br>ils doivent | je devais<br>tu devais<br>il devait<br>n. devions<br>v. deviez<br>ils devaient | je dus<br>tu dus<br>il dut<br>n. dûmes<br>v. dûtes<br>ils durent | je devrai<br>tu devras<br>il devra<br>n. devrons<br>v. devrez<br>ils devront |
| ⑰ **dire**<br><br>disant<br>dit | je dis<br>tu dis<br>il dit<br>n. disons<br>v. dites<br>ils disent | je disais<br>tu disais<br>il disait<br>n. disions<br>v. disiez<br>ils disaient | je dis<br>tu dis<br>il dit<br>n. dîmes<br>v. dîtes<br>ils dirent | je dirai<br>tu diras<br>il dira<br>n. dirons<br>v. direz<br>ils diront |
| ⑱ **écrire**<br><br>écrivant<br>écrit | j' écris<br>tu écris<br>il écrit<br>n. écrivons<br>v. écrivez<br>ils écrivent | j' écrivais<br>tu écrivais<br>il écrivait<br>n. écrivions<br>v. écriviez<br>ils écrivaient | j' écrivis<br>tu écrivis<br>il écrivit<br>n. écrivîmes<br>v. écrivîtes<br>ils écrivirent | j' écrirai<br>tu écriras<br>il écrira<br>n. écrirons<br>v. écrirez<br>ils écriront |
| ⑲ **employer**<br><br>employant<br>employé | j' emploie<br>tu emploies<br>il emploie<br>n. employons<br>v. employez<br>ils emploient | j' employais<br>tu employais<br>il employait<br>n. employions<br>v. employiez<br>ils employaient | j' employai<br>tu employas<br>il employa<br>n. employâmes<br>v. employâtes<br>ils employèrent | j' emploierai<br>tu emploieras<br>il emploiera<br>n. emploierons<br>v. emploierez<br>ils emploieront |

| 条 件 法 | 接 続 法 | | 命 令 法 | 同 型 |
|---|---|---|---|---|
| 現 在 | 現 在 | 半 過 去 | | |
| je connaîtrais<br>tu connaîtrais<br>il connaîtrait<br>n. connaîtrions<br>v. connaîtriez<br>ils connaîtraient | je connaisse<br>tu connaisses<br>il connaisse<br>n. connaissions<br>v. connaissiez<br>ils connaissent | je connusse<br>tu connusses<br>il connût<br>n. connussions<br>v. connussiez<br>ils connussent | connais<br><br><br>connaissons<br>connaissez | apparaître<br>disparaître<br>paraître<br>reconnaître |
| je courrais<br>tu courrais<br>il courrait<br>n. courrions<br>v. courriez<br>ils courraient | je coure<br>tu coures<br>il coure<br>n. courions<br>v. couriez<br>ils courent | je courusse<br>tu courusses<br>il courût<br>n. courussions<br>v. courussiez<br>ils courussent | cours<br><br><br>courons<br>courez | accourir<br>parcourir |
| je craindrais<br>tu craindrais<br>il craindrait<br>n. craindrions<br>v. craindriez<br>ils craindraient | je craigne<br>tu craignes<br>il craigne<br>n. craignions<br>v. craigniez<br>ils craignent | je craignisse<br>tu craignisses<br>il craignît<br>n. craignissions<br>v. craignissiez<br>ils craignissent | crains<br><br><br>craignons<br>craignez | atteindre<br>éteindre<br>joindre<br>peindre<br>plaindre |
| je croirais<br>tu croirais<br>il croirait<br>n. croirions<br>v. croiriez<br>ils croiraient | je croie<br>tu croies<br>il croie<br>n. croyions<br>v. croyiez<br>ils croient | je crusse<br>tu crusses<br>il crût<br>n. crussions<br>v. crussiez<br>ils crussent | crois<br><br><br>croyons<br>croyez | |
| je devrais<br>tu devrais<br>il devrait<br>n. devrions<br>v. devriez<br>ils devraient | je doive<br>tu doives<br>il doive<br>n. devions<br>v. deviez<br>ils doivent | je dusse<br>tu dusses<br>il dût<br>n. dussions<br>v. dussiez<br>ils dussent | | |
| je dirais<br>tu dirais<br>il dirait<br>n. dirions<br>v. diriez<br>ils diraient | je dise<br>tu dises<br>il dise<br>n. disions<br>v. disiez<br>ils disent | je disse<br>tu disses<br>il dît<br>n. dissions<br>v. dissiez<br>ils dissent | dis<br><br><br>disons<br>dites | |
| j' écrirais<br>tu écrirais<br>il écrirait<br>n. écririons<br>v. écririez<br>ils écriraient | j' écrive<br>tu écrives<br>il écrive<br>n. écrivions<br>v. écriviez<br>ils écrivent | j' écrivisse<br>tu écrivisses<br>il écrivît<br>n. écrivissions<br>v. écrivissiez<br>ils écrivissent | écris<br><br><br>écrivons<br>écrivez | décrire<br>inscrire |
| j' emploierais<br>tu emploierais<br>il emploierait<br>n. emploierions<br>v. emploieriez<br>ils emploieraient | j' emploie<br>tu emploies<br>il emploie<br>n. employions<br>v. employiez<br>ils emploient | j' employasse<br>tu employasses<br>il employât<br>n. employassions<br>v. employassiez<br>ils employassent | emploie<br><br><br>employons<br>employez | aboyer<br>nettoyer<br>noyer<br>tutoyer |

| 不定法<br>現在分詞<br>過去分詞 | 直　　説　　法 | | | |
|---|---|---|---|---|
| | 現　　在 | 半 過 去 | 単純過去 | 単純未来 |
| ⑳ **envoyer**<br><br>envoyant<br>envoyé | j' envoie<br>tu envoies<br>il envoie<br>n. envoyons<br>v. envoyez<br>ils envoient | j' envoyais<br>tu envoyais<br>il envoyait<br>n. envoyions<br>v. envoyiez<br>ils envoyaient | j' envoyai<br>tu envoyas<br>il envoya<br>n. envoyâmes<br>v. envoyâtes<br>ils envoyèrent | j' enverrai<br>tu enverras<br>il enverra<br>n. enverrons<br>v. enverrez<br>ils enverront |
| ㉑ **faire**<br><br>faisant [fəzɑ̃]<br>fait | je fais [fɛ]<br>tu fais<br>il fait<br>n. faisons [fəzɔ̃]<br>v. fai**tes** [fɛt]<br>ils **font** | je faisais [fəzɛ]<br>tu faisais<br>il faisait<br>n. faisions<br>v. faisiez<br>ils faisaient | je fis<br>tu fis<br>il fit<br>n. fîmes<br>v. fîtes<br>ils firent | je ferai<br>tu feras<br>il fera<br>n. ferons<br>v. ferez<br>ils feront |
| ㉒ **falloir**<br><br>—<br>fallu | il faut | il fallait | il fallut | il faudra |
| ㉓ **fuir**<br><br>fuyant<br>fui | je fuis<br>tu fuis<br>il fuit<br>n. fuyons<br>v. fuyez<br>ils fuient | je fuyais<br>tu fuyais<br>il fuyait<br>n. fuyions<br>v. fuyiez<br>ils fuyaient | je fuis<br>tu fuis<br>il fuit<br>n. fuîmes<br>v. fuîtes<br>ils fuirent | je fuirai<br>tu fuiras<br>il fuira<br>n. fuirons<br>v. fuirez<br>ils fuiront |
| ㉔ **lire**<br><br>lisant<br>lu | je lis<br>tu lis<br>il lit<br>n. lisons<br>v. lisez<br>ils lisent | je lisais<br>tu lisais<br>il lisait<br>n. lisions<br>v. lisiez<br>ils lisaient | je lus<br>tu lus<br>il lut<br>n. lûmes<br>v. lûtes<br>ils lurent | je lirai<br>tu liras<br>il lira<br>n. lirons<br>v. lirez<br>ils liront |
| ㉕ **manger**<br><br>mangeant<br>mangé | je mange<br>tu manges<br>il mange<br>n. mangeons<br>v. mangez<br>ils mangent | je mangeais<br>tu mangeais<br>il mangeait<br>n. mangions<br>v. mangiez<br>ils mangeaient | je mangeai<br>tu mangeas<br>il mangea<br>n. mangeâmes<br>v. mangeâtes<br>ils mangèrent | je mangerai<br>tu mangeras<br>il mangera<br>n. mangerons<br>v. mangerez<br>ils mangeront |
| ㉖ **mettre**<br><br>mettant<br>mis | je mets<br>tu mets<br>il met<br>n. mettons<br>v. mettez<br>ils mettent | je mettais<br>tu mettais<br>il mettait<br>n. mettions<br>v. mettiez<br>ils mettaient | je mis<br>tu mis<br>il mit<br>n. mîmes<br>v. mîtes<br>ils mirent | je mettrai<br>tu mettras<br>il mettra<br>n. mettrons<br>v. mettrez<br>ils mettront |
| ㉗ **mourir**<br><br>mourant<br>mort | je meurs<br>tu meurs<br>il meurt<br>n. mourons<br>v. mourez<br>ils meurent | je mourais<br>tu mourais<br>il mourait<br>n. mourions<br>v. mouriez<br>ils mouraient | je mourus<br>tu mourus<br>il mourut<br>n. mourûmes<br>v. mourûtes<br>ils moururent | je mourrai<br>tu mourras<br>il mourra<br>n. mourrons<br>v. mourrez<br>ils mourront |

| 条 件 法 | 接 続 法 | | 命 令 法 | 同 型 |
|---|---|---|---|---|
| 現 在 | 現 在 | 半 過 去 | | |
| j' enverrais<br>tu enverrais<br>il enverrait<br>n. enverrions<br>v. enverriez<br>ils enverraient | j' envoie<br>tu envoies<br>il envoie<br>n. envoyions<br>v. envoyiez<br>ils envoient | j' envoyasse<br>tu envoyasses<br>il envoyât<br>n. envoyassions<br>v. envoyassiez<br>ils envoyassent | envoie<br><br>envoyons<br>envoyez | renvoyer |
| je ferais<br>tu ferais<br>il ferait<br>n. ferions<br>v. feriez<br>ils feraient | je fasse<br>tu fasses<br>il fasse<br>n. fassions<br>v. fassiez<br>ils fassent | je fisse<br>tu fisses<br>il fît<br>n. fissions<br>v. fissiez<br>ils fissent | fais<br><br>faisons<br>faites | défaire<br>refaire<br>satisfaire |
| il faudrait | il faille | il fallût | | |
| je fuirais<br>tu fuirais<br>il fuirait<br>n. fuirions<br>v. fuiriez<br>ils fuiraient | je fuie<br>tu fuies<br>il fuie<br>n. fuyions<br>v. fuyiez<br>ils fuient | je fuisse<br>tu fuisses<br>il fuît<br>n. fuissions<br>v. fuissiez<br>ils fuissent | fuis<br><br>fuyons<br>fuyez | s'enfuir |
| je lirais<br>tu lirais<br>il lirait<br>n. lirions<br>v. liriez<br>ils liraient | je lise<br>tu lises<br>il lise<br>n. lisions<br>v. lisiez<br>ils lisent | je lusse<br>tu lusses<br>il lût<br>n. lussions<br>v. lussiez<br>ils lussent | lis<br><br>lisons<br>lisez | élire<br>relire |
| je mangerais<br>tu mangerais<br>il mangerait<br>n. mangerions<br>v. mangeriez<br>ils mangeraient | je mange<br>tu manges<br>il mange<br>n. mangions<br>v. mangiez<br>ils mangent | je mangeasse<br>tu mangeasses<br>il mangeât<br>n. mangeassions<br>v. mangeassiez<br>ils mangeassent | mange<br><br>mangeons<br>mangez | changer<br>déranger<br>nager<br>obliger<br>partager<br>voyager |
| je mettrais<br>tu mettrais<br>il mettrait<br>n. mettrions<br>v. mettriez<br>ils mettraient | je mette<br>tu mettes<br>il mette<br>n. mettions<br>v. mettiez<br>ils mettent | je misse<br>tu misses<br>il mît<br>n. missions<br>v. missiez<br>ils missent | mets<br><br>mettons<br>mettez | admettre<br>commettre<br>permettre<br>promettre<br>remettre |
| je mourrais<br>tu mourrais<br>il mourrait<br>n. mourrions<br>v. mourriez<br>ils mourraient | je meure<br>tu meures<br>il meure<br>n. mourions<br>v. mouriez<br>ils meurent | je mourusse<br>tu mourusses<br>il mourût<br>n. mourussions<br>v. mourussiez<br>ils mourussent | meurs<br><br>mourons<br>mourez | |

| 不定法<br>現在分詞<br>過去分詞 | 直　　説　　法 | | | |
|---|---|---|---|---|
| | 現　　在 | 半　過　去 | 単純過去 | 単純未来 |
| ㉘ **naître**<br><br>naissant<br>né | je nais<br>tu nais<br>il naît<br>n. naissons<br>v. naissez<br>ils naissent | je naissais<br>tu naissais<br>il naissait<br>n. naissions<br>v. naissiez<br>ils naissaient | je naquis<br>tu naquis<br>il naquit<br>n. naquîmes<br>v. naquîtes<br>ils naquirent | je naîtrai<br>tu naîtras<br>il naîtra<br>n. naîtrons<br>v. naîtrez<br>ils naîtront |
| ㉙ **ouvrir**<br><br>ouvrant<br>ouvert | j' ouvre<br>tu ouvres<br>il ouvre<br>n. ouvrons<br>v. ouvrez<br>ils ouvrent | j' ouvrais<br>tu ouvrais<br>il ouvrait<br>n. ouvrions<br>v. ouvriez<br>ils ouvraient | j' ouvris<br>tu ouvris<br>il ouvrit<br>n. ouvrîmes<br>v. ouvrîtes<br>ils ouvrirent | j' ouvrirai<br>tu ouvriras<br>il ouvrira<br>n. ouvrirons<br>v. ouvrirez<br>ils ouvriront |
| ㉚ **partir**<br><br>partant<br>parti | je pars<br>tu pars<br>il part<br>n. partons<br>v. partez<br>ils partent | je partais<br>tu partais<br>il partait<br>n. partions<br>v. partiez<br>ils partaient | je partis<br>tu partis<br>il partit<br>n. partîmes<br>v. partîtes<br>ils partirent | je partirai<br>tu partiras<br>il partira<br>n. partirons<br>v. partirez<br>ils partiront |
| ㉛ **payer**<br><br>payant<br>payé | je paie [pɛ]<br>tu paies<br>il paie<br>n. payons<br>v. payez<br>ils paient<br>- - - - - - - - - -<br>je paye [pɛj]<br>tu payes<br>il paye<br>n. payons<br>v. payez<br>ils payent | je payais<br>tu payais<br>il payait<br>n. payions<br>v. payiez<br>ils payaient | je payai<br>tu payas<br>il paya<br>n. payâmes<br>v. payâtes<br>ils payèrent | je paierai<br>tu paieras<br>il paiera<br>n. paierons<br>v. paierez<br>ils paieront<br>- - - - - - - - - -<br>je payerai<br>tu payeras<br>il payera<br>n. payerons<br>v. payerez<br>ils payeront |
| ㉜ **placer**<br><br>plaçant<br>placé | je place<br>tu places<br>il place<br>n. plaçons<br>v. placez<br>ils placent | je plaçais<br>tu plaçais<br>il plaçait<br>n. placions<br>v. placiez<br>ils plaçaient | je plaçai<br>tu plaças<br>il plaça<br>n. plaçâmes<br>v. plaçâtes<br>ils placèrent | je placerai<br>tu placeras<br>il placera<br>n. placerons<br>v. placerez<br>ils placeront |
| ㉝ **plaire**<br><br>plaisant<br>plu | je plais<br>tu plais<br>il plaît<br>n. plaisons<br>v. plaisez<br>ils plaisent | je plaisais<br>tu plaisais<br>il plaisait<br>n. plaisions<br>v. plaisiez<br>ils plaisaient | je plus<br>tu plus<br>il plut<br>n. plûmes<br>v. plûtes<br>ils plurent | je plairai<br>tu plairas<br>il plaira<br>n. plairons<br>v. plairez<br>ils plairont |
| ㉞ **pleuvoir**<br><br>pleuvant<br>plu | il pleut | il pleuvait | il plut | il pleuvra |

| 条件法 | 接続法 | | 命令法 | 同型 |
|---|---|---|---|---|
| 現　　在 | 現　　在 | 半　過　去 | | |
| je naîtrais<br>tu naîtrais<br>il naîtrait<br>n. naîtrions<br>v. naîtriez<br>ils naîtraient | je naisse<br>tu naisses<br>il naisse<br>n. naissions<br>v. naissiez<br>ils naissent | je naquisse<br>tu naquisses<br>il naquît<br>n. naquissions<br>v. naquissiez<br>ils naquissent | nais<br><br><br>naissons<br>naissez | |
| j' ouvrirais<br>tu ouvrirais<br>il ouvrirait<br>n. ouvririons<br>v. ouvririez<br>ils ouvriraient | j' ouvre<br>tu ouvres<br>il ouvre<br>n. ouvrions<br>v. ouvriez<br>ils ouvrent | j' ouvrisse<br>tu ouvrisses<br>il ouvrît<br>n. ouvrissions<br>v. ouvrissiez<br>ils ouvrissent | ouvre<br><br><br>ouvrons<br>ouvrez | couvrir<br>découvrir<br>offrir<br>souffrir |
| je partirais<br>tu partirais<br>il partirait<br>n. partirions<br>v. partiriez<br>ils partiraient | je parte<br>tu partes<br>il parte<br>n. partions<br>v. partiez<br>ils partent | je partisse<br>tu partisses<br>il partît<br>n. partissions<br>v. partissiez<br>ils partissent | pars<br><br><br>partons<br>partez | dormir<br>ressortir<br>sentir<br>servir<br>sortir |
| je paierais<br>tu paierais<br>il paierait<br>n. paierions<br>v. paieriez<br>ils paieraient | je paie<br>tu paies<br>il paie<br>n. payions<br>v. payiez<br>ils paient | je payasse<br>tu payasses<br>il payât<br>n. payassions<br>v. payassiez<br>ils payassent | paie<br><br>payons<br>payez | effrayer<br>essayer |
| je payerais<br>tu payerais<br>il payerait<br>n. payerions<br>v. payeriez<br>ils payeraient | je paye<br>tu payes<br>il paye<br>n. payions<br>v. payiez<br>ils payent | | paye<br><br>payons<br>payez | |
| je placerais<br>tu placerais<br>il placerait<br>n. placerions<br>v. placeriez<br>ils placeraient | je place<br>tu places<br>il place<br>n. placions<br>v. placiez<br>ils placent | je plaçasse<br>tu plaçasses<br>il plaçât<br>n. plaçassions<br>v. plaçassiez<br>ils plaçassent | place<br><br><br>plaçons<br>placez | annoncer<br>avancer<br>commencer<br>forcer<br>lancer<br>prononcer |
| je plairais<br>tu plairais<br>il plairait<br>n. plairions<br>v. plairiez<br>ils plairaient | je plaise<br>tu plaises<br>il plaise<br>n. plaisions<br>v. plaisiez<br>ils plaisent | je plusse<br>tu plusses<br>il plût<br>n. plussions<br>v. plussiez<br>ils plussent | plais<br><br>plaisons<br>plaisez | complaire<br>déplaire<br>(se) taire<br><br>囲 過去分詞<br>plu は不変 |
| il pleuvrait | il pleuve | il plût | | |

| 不定法<br>現在分詞<br>過去分詞 | 直　　説　　法 | | | |
|---|---|---|---|---|
| | 現　　在 | 半　過　去 | 単純過去 | 単純未来 |
| ㉟ **pouvoir**<br><br>pouvant<br>pu | je peux (puis)<br>tu peux<br>il peut<br>n. pouvons<br>v. pouvez<br>ils peuvent | je pouvais<br>tu pouvais<br>il pouvait<br>n. pouvions<br>v. pouviez<br>ils pouvaient | je pus<br>tu pus<br>il put<br>n. pûmes<br>v. pûtes<br>ils purent | je pourrai<br>tu pourras<br>il pourra<br>n. pourrons<br>v. pourrez<br>ils pourront |
| ㊱ **préférer**<br><br>préférant<br>préféré | je préfère<br>tu préfères<br>il préfère<br>n. préférons<br>v. préférez<br>ils préfèrent | je préférais<br>tu préférais<br>il préférait<br>n. préférions<br>v. préfériez<br>ils préféraient | je préférai<br>tu préféras<br>il préféra<br>n. préférâmes<br>v. préférâtes<br>ils préférèrent | je préférerai<br>tu préféreras<br>il préférera<br>n. préférerons<br>v. préférerez<br>ils préféreront |
| ㊲ **prendre**<br><br>prenant<br>pris | je prends<br>tu prends<br>il prend<br>n. prenons<br>v. prenez<br>ils prennent | je prenais<br>tu prenais<br>il prenait<br>n. prenions<br>v. preniez<br>ils prenaient | je pris<br>tu pris<br>il prit<br>n. prîmes<br>v. prîtes<br>ils prirent | je prendrai<br>tu prendras<br>il prendra<br>n. prendrons<br>v. prendrez<br>ils prendront |
| ㊳ **recevoir**<br><br>recevant<br>reçu | je reçois<br>tu reçois<br>il reçoit<br>n. recevons<br>v. recevez<br>ils reçoivent | je recevais<br>tu recevais<br>il recevait<br>n. recevions<br>v. receviez<br>ils recevaient | je reçus<br>tu reçus<br>il reçut<br>n. reçûmes<br>v. reçûtes<br>ils reçurent | je recevrai<br>tu recevras<br>il recevra<br>n. recevrons<br>v. recevrez<br>ils recevront |
| ㊴ **rendre**<br><br>rendant<br>rendu | je rends<br>tu rends<br>il rend<br>n. rendons<br>v. rendez<br>ils rendent | je rendais<br>tu rendais<br>il rendait<br>n. rendions<br>v. rendiez<br>ils rendaient | je rendis<br>tu rendis<br>il rendit<br>n. rendîmes<br>v. rendîtes<br>ils rendirent | je rendrai<br>tu rendras<br>il rendra<br>n. rendrons<br>v. rendrez<br>ils rendront |
| ㊵ **résoudre**<br><br>résolvant<br>résolu | je résous<br>tu résous<br>il résout<br>n. résolvons<br>v. résolvez<br>ils résolvent | je résolvais<br>tu résolvais<br>il résolvait<br>n. résolvions<br>v. résolviez<br>ils résolvaient | je résolus<br>tu résolus<br>il résolut<br>n. résolûmes<br>v. résolûtes<br>ils résolurent | je résoudrai<br>tu résoudras<br>il résoudra<br>n. résoudrons<br>v. résoudrez<br>ils résoudront |
| ㊶ **rire**<br><br>riant<br>ri | je ris<br>tu ris<br>il rit<br>n. rions<br>v. riez<br>ils rient | je riais<br>tu riais<br>il riait<br>n. riions<br>v. riiez<br>ils riaient | je ris<br>tu ris<br>il rit<br>n. rîmes<br>v. rîtes<br>ils rirent | je rirai<br>tu riras<br>il rira<br>n. rirons<br>v. rirez<br>ils riront |
| ㊷ **savoir**<br><br>sachant<br>su | je sais<br>tu sais<br>il sait<br>n. savons<br>v. savez<br>ils savent | je savais<br>tu savais<br>il savait<br>n. savions<br>v. saviez<br>ils savaient | je sus<br>tu sus<br>il sut<br>n. sûmes<br>v. sûtes<br>ils surent | je saurai<br>tu sauras<br>il saura<br>n. saurons<br>v. saurez<br>ils sauront |

| 条 件 法 | 接 続 法 | | 命 令 法 | 同 型 |
|---|---|---|---|---|
| 現 在 | 現 在 | 半 過 去 | | |
| je pourrais<br>tu pourrais<br>il pourrait<br>n. pourrions<br>v. pourriez<br>ils pourraient | je puisse<br>tu puisses<br>il puisse<br>n. puissions<br>v. puissiez<br>ils puissent | je pusse<br>tu pusses<br>il pût<br>n. pussions<br>v. pussiez<br>ils pussent | | |
| je préférerais<br>tu préférerais<br>il préférerait<br>n. préférerions<br>v. préféreriez<br>ils préféreraient | je préfère<br>tu préfères<br>il préfère<br>n. préférions<br>v. préfériez<br>ils préfèrent | je préférasse<br>tu préférasses<br>il préférât<br>n. préférassions<br>v. préférassiez<br>ils préférassent | préfère<br><br>préférons<br>préférez | céder<br>considérer<br>espérer<br>pénétrer<br>posséder<br>répéter |
| je prendrais<br>tu prendrais<br>il prendrait<br>n. prendrions<br>v. prendriez<br>ils prendraient | je prenne<br>tu prennes<br>il prenne<br>n. prenions<br>v. preniez<br>ils prennent | je prisse<br>tu prisses<br>il prît<br>n. prissions<br>v. prissiez<br>ils prissent | prends<br><br>prenons<br>prenez | apprendre<br>comprendre<br>entreprendre<br>reprendre<br>surprendre |
| je recevrais<br>tu recevrais<br>il recevrait<br>n. recevrions<br>v. recevriez<br>ils recevraient | je reçoive<br>tu reçoives<br>il reçoive<br>n. recevions<br>v. receviez<br>ils reçoivent | je reçusse<br>tu reçusses<br>il reçût<br>n. reçussions<br>v. reçussiez<br>ils reçussent | reçois<br><br>recevons<br>recevez | apercevoir<br>concevoir<br>décevoir |
| je rendrais<br>tu rendrais<br>il rendrait<br>n. rendrions<br>v. rendriez<br>ils rendraient | je rende<br>tu rendes<br>il rende<br>n. rendions<br>v. rendiez<br>ils rendent | je rendisse<br>tu rendisses<br>il rendît<br>n. rendissions<br>v. rendissiez<br>ils rendissent | rends<br><br>rendons<br>rendez | attendre<br>descendre<br>entendre<br>perdre<br>répondre<br>vendre |
| je résoudrais<br>tu résoudrais<br>il résoudrait<br>n. résoudrions<br>v. résoudriez<br>ils résoudraient | je résolve<br>tu résolves<br>il résolve<br>n. résolvions<br>v. résolviez<br>ils résolvent | je résolusse<br>tu résolusses<br>il résolût<br>n. résolussions<br>v. résolussiez<br>ils résolussent | résous<br><br>résolvons<br>résolvez | |
| je rirais<br>tu rirais<br>il rirait<br>n. ririons<br>v. ririez<br>ils riraient | je rie<br>tu ries<br>il rie<br>n. riions<br>v. riiez<br>ils rient | je risse<br>tu risses<br>il rît<br>n. rissions<br>v. rissiez<br>ils rissent | ris<br><br>rions<br>riez | sourire<br><br>注 過去分詞<br>ri は不変 |
| je saurais<br>tu saurais<br>il saurait<br>n. saurions<br>v. sauriez<br>ils sauraient | je sache<br>tu saches<br>il sache<br>n. sachions<br>v. sachiez<br>ils sachent | je susse<br>tu susses<br>il sût<br>n. sussions<br>v. sussiez<br>ils sussent | sache<br><br>sachons<br>sachez | |

| 不定法<br>現在分詞<br>過去分詞 | 直　　説　　法 | | | |
|---|---|---|---|---|
| | 現　　在 | 半　過　去 | 単純過去 | 単純未来 |
| ㊸ **suffire**<br><br>suffisant<br>suffi | je suffis<br>tu suffis<br>il suffit<br>n. suffisons<br>v. suffisez<br>ils suffisent | je suffisais<br>tu suffisais<br>il suffisait<br>n. suffisions<br>v. suffisiez<br>ils suffisaient | je suffis<br>tu suffis<br>il suffit<br>n. suffîmes<br>v. suffîtes<br>ils suffirent | je suffirai<br>tu suffiras<br>il suffira<br>n. suffirons<br>v. suffirez<br>ils suffiront |
| ㊹ **suivre**<br><br>suivant<br>suivi | je suis<br>tu suis<br>il suit<br>n. suivons<br>v. suivez<br>ils suivent | je suivais<br>tu suivais<br>il suivait<br>n. suivions<br>v. suiviez<br>ils suivaient | je suivis<br>tu suivis<br>il suivit<br>n. suivîmes<br>v. suivîtes<br>ils suivirent | je suivrai<br>tu suivras<br>il suivra<br>n. suivrons<br>v. suivrez<br>ils suivront |
| ㊺ **vaincre**<br><br>vainquant<br>vaincu | je vaincs<br>tu vaincs<br>il vainc<br>n. vainquons<br>v. vainquez<br>ils vainquent | je vainquais<br>tu vainquais<br>il vainquait<br>n. vainquions<br>v. vainquiez<br>ils vainquaient | je vainquis<br>tu vainquis<br>il vainquit<br>n. vainquîmes<br>v. vainquîtes<br>ils vainquirent | je vaincrai<br>tu vaincras<br>il vaincra<br>n. vaincrons<br>v. vaincrez<br>ils vaincront |
| ㊻ **valoir**<br><br>valant<br>valu | je vaux<br>tu vaux<br>il vaut<br>n. valons<br>v. valez<br>ils valent | je valais<br>tu valais<br>il valait<br>n. valions<br>v. valiez<br>ils valaient | je valus<br>tu valus<br>il valut<br>n. valûmes<br>v. valûtes<br>ils valurent | je vaudrai<br>tu vaudras<br>il vaudra<br>n. vaudrons<br>v. vaudrez<br>ils vaudront |
| ㊼ **venir**<br><br>venant<br>venu | je viens<br>tu viens<br>il vient<br>n. venons<br>v. venez<br>ils viennent | je venais<br>tu venais<br>il venait<br>n. venions<br>v. veniez<br>ils venaient | je vins<br>tu vins<br>il vint<br>n. vînmes<br>v. vîntes<br>ils vinrent | je viendrai<br>tu viendras<br>il viendra<br>n. viendrons<br>v. viendrez<br>ils viendront |
| ㊽ **vivre**<br><br>vivant<br>vécu | je vis<br>tu vis<br>il vit<br>n. vivons<br>v. vivez<br>ils vivent | je vivais<br>tu vivais<br>il vivait<br>n. vivions<br>v. viviez<br>ils vivaient | je vécus<br>tu vécus<br>il vécut<br>n. vécûmes<br>v. vécûtes<br>ils vécurent | je vivrai<br>tu vivras<br>il vivra<br>n. vivrons<br>v. vivrez<br>ils vivront |
| ㊾ **voir**<br><br>voyant<br>vu | je vois<br>tu vois<br>il voit<br>n. voyons<br>v. voyez<br>ils voient | je voyais<br>tu voyais<br>il voyait<br>n. voyions<br>v. voyiez<br>ils voyaient | je vis<br>tu vis<br>il vit<br>n. vîmes<br>v. vîtes<br>ils virent | je verrai<br>tu verras<br>il verra<br>n. verrons<br>v. verrez<br>ils verront |
| ㊿ **vouloir**<br><br>voulant<br>voulu | je veux<br>tu veux<br>il veut<br>n. voulons<br>v. voulez<br>ils veulent | je voulais<br>tu voulais<br>il voulait<br>n. voulions<br>v. vouliez<br>ils voulaient | je voulus<br>tu voulus<br>il voulut<br>n. voulûmes<br>v. voulûtes<br>ils voulurent | je voudrai<br>tu voudras<br>il voudra<br>n. voudrons<br>v. voudrez<br>ils voudront |

| 条件法 | 接 続 法 | | 命令法 | 同型 |
|---|---|---|---|---|
| 現　　在 | 現　　在 | 半過去 | | |
| je suffirais<br>tu suffirais<br>il suffirait<br>n. suffirions<br>v. suffiriez<br>ils suffiraient | je suffise<br>tu suffises<br>il suffise<br>n. suffisions<br>v. suffisiez<br>ils suffisent | je suffisse<br>tu suffisses<br>il suffît<br>n. suffissions<br>v. suffissiez<br>ils suffissent | suffis<br><br>suffisons<br>suffisez | 囲 過去分詞<br>suffi は不変 |
| je suivrais<br>tu suivrais<br>il suivrait<br>n. suivrions<br>v. suivriez<br>ils suivraient | je suive<br>tu suives<br>il suive<br>n. suivions<br>v. suiviez<br>ils suivent | je suivisse<br>tu suivisses<br>il suivît<br>n. suivissions<br>v. suivissiez<br>ils suivissent | suis<br><br>suivons<br>suivez | poursuivre |
| je vaincrais<br>tu vaincrais<br>il vaincrait<br>n. vaincrions<br>v. vaincriez<br>ils vaincraient | je vainque<br>tu vainques<br>il vainque<br>n. vainquions<br>v. vainquiez<br>ils vainquent | je vainquisse<br>tu vainquisses<br>il vainquît<br>n. vainquissions<br>v. vainquissiez<br>ils vainquissent | vaincs<br><br>vainquons<br>vainquez | convaincre |
| je vaudrais<br>tu vaudrais<br>il vaudrait<br>n. vaudrions<br>v. vaudriez<br>ils vaudraient | je vaille<br>tu vailles<br>il vaille<br>n. valions<br>v. valiez<br>ils vaillent | je valusse<br>tu valusses<br>il valût<br>n. valussions<br>v. valussiez<br>ils valussent | | |
| je viendrais<br>tu viendrais<br>il viendrait<br>n. viendrions<br>v. viendriez<br>ils viendraient | je vienne<br>tu viennes<br>il vienne<br>n. venions<br>v. veniez<br>ils viennent | je vinsse<br>tu vinsses<br>il vînt<br>n. vinssions<br>v. vinssiez<br>ils vinssent | viens<br><br>venons<br>venez | appartenir<br>devenir<br>obtenir<br>revenir<br>(se) souvenir<br>tenir |
| je vivrais<br>tu vivrais<br>il vivrait<br>n. vivrions<br>v. vivriez<br>ils vivraient | je vive<br>tu vives<br>il vive<br>n. vivions<br>v. viviez<br>ils vivent | je vécusse<br>tu vécusses<br>il vécût<br>n. vécussions<br>v. vécussiez<br>ils vécussent | vis<br><br>vivons<br>vivez | survivre |
| je verrais<br>tu verrais<br>il verrait<br>n. verrions<br>v. verriez<br>ils verraient | je voie<br>tu voies<br>il voie<br>n. voyions<br>v. voyiez<br>ils voient | je visse<br>tu visses<br>il vît<br>n. vissions<br>v. vissiez<br>ils vissent | vois<br><br>voyons<br>voyez | entrevoir<br>revoir |
| je voudrais<br>tu voudrais<br>il voudrait<br>n. voudrions<br>v. voudriez<br>ils voudraient | je veuille<br>tu veuilles<br>il veuille<br>n. voulions<br>v. vouliez<br>ils veuillent | je voulusse<br>tu voulusses<br>il voulût<br>n. voulussions<br>v. voulussiez<br>ils voulussent | veuille<br><br>veuillons<br>veuillez | |

## ◆ 動詞変化に関する注意

| 不 定 法 |
|:---:|
| **-er** |
| **-ir** |
| **-re** |
| **-oir** |

| 現在分詞 |
|:---:|
| **-ant** |

| | 直説法現在 | | 直・半過去 | 直・単純未来 | 条・現在 |
|:---:|:---:|:---:|:---:|:---:|:---:|
| je | **-e** | **-s** | **-ais** | **-rai** | **-rais** |
| tu | **-es** | **-s** | **-ais** | **-ras** | **-rais** |
| il | **-e** | **-t** | **-ait** | **-ra** | **-rait** |
| nous | **-ons** | | **-ions** | **-rons** | **-rions** |
| vous | **-ez** | | **-iez** | **-rez** | **-riez** |
| ils | **-ent** | | **-aient** | **-ront** | **-raient** |

| | 直・単純過去 | | | 接・現在 | 接・半過去 | 命 令 法 | |
|:---:|:---:|:---:|:---:|:---:|:---:|:---:|:---:|
| je | **-ai** | **-is** | **-us** | **-e** | **-sse** | | |
| tu | **-as** | **-is** | **-us** | **-es** | **-sses** | **-e** | **-s** |
| il | **-a** | **-it** | **-ut** | **-e** | **ⁱt** | | |
| nous | **-âmes** | **-îmes** | **-ûmes** | **-ions** | **-ssions** | **-ons** | |
| vous | **-âtes** | **-îtes** | **-ûtes** | **-iez** | **-ssiez** | **-ez** | |
| ils | **-èrent** | **-irent** | **-urent** | **-ent** | **-ssent** | | |

〔複合時制〕

| 直 説 法 | 条 件 法 |
|:---|:---|
| 複合過去（助動詞の直・現在＋過去分詞） | 過 去（助動詞の条・現在＋過去分詞） |
| 大 過 去（助動詞の直・半過去＋過去分詞） | 接 続 法 |
| 前 過 去（助動詞の直・単純過去＋過去分詞） | 過 去（助動詞の接・現在＋過去分詞） |
| 前 未 来（助動詞の直・単純未来＋過去分詞） | 大過去（助動詞の接・半過去＋過去分詞） |

* **現在分詞**は，通常，直説法・現在1人称複数の語尾 -ons を -ant に変えて作ることができる．(nous connaissons → connaissant)
* **直説法・半過去**の1人称単数は，通常，直説法・現在1人称複数の語尾 -ons を -ais に変えて作ることができる．(nous buvons → je buvais)
* **直説法・単純未来と条件法・現在**は，通常，不定法から作ることができる．
  （単純未来: aimer → j'aimerai  finir → je finirai  écrire → j'écrirai）
  　　ただし，-oir 型動詞の語幹は不規則．(pouvoir → je pourrai  savoir → je saurai)
* **接続法・現在**の1人称単数は，通常，直説法・現在3人称複数の語尾 -ent を -e に変えて作ることができる．(ils finissent → je finisse)
* **命令法**は，直説法・現在の2人称単数，1人称複数，2人称複数から，それぞれの主語 tu, nous, vous を取って作ることができる．(ただし，tu -es → -e  tu vas → va)
  　　avoir, être, savoir, vouloir の命令法は接続法・現在から作る．

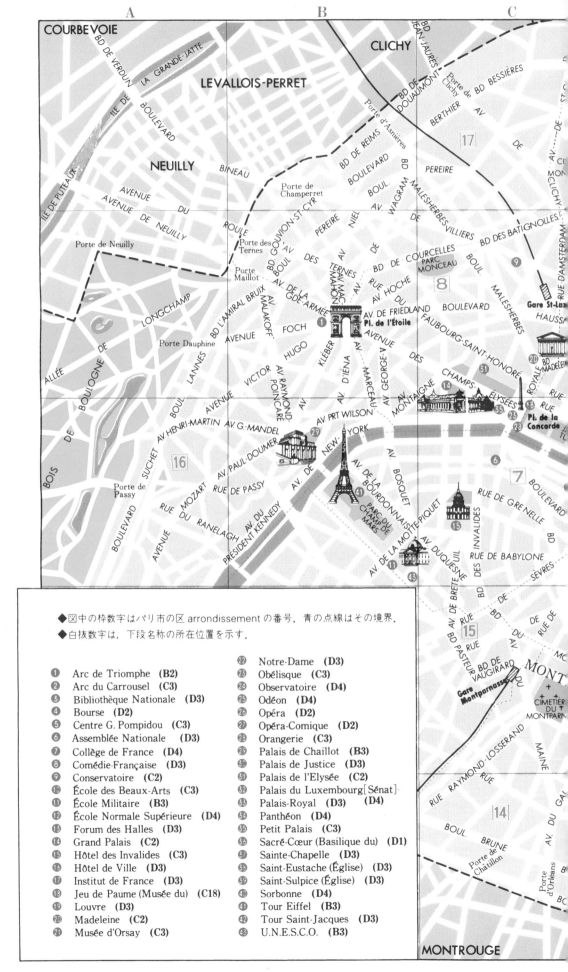

◆図中の枠数字はパリ市の区 arrondissement の番号．青の点線はその境界．
◆白抜数字は，下段名称の所在位置を示す．

❶ Arc de Triomphe **(B2)**
❷ Arc du Carrousel **(C3)**
❸ Bibliothèque Nationale **(D3)**
❹ Bourse **(D2)**
❺ Centre G. Pompidou **(C3)**
❻ Assemblée Nationale **(D3)**
❼ Collège de France **(D4)**
❽ Comédie-Française **(D3)**
❾ Conservatoire **(C2)**
❿ École des Beaux-Arts **(C3)**
⓫ École Militaire **(B3)**
⓬ École Normale Supérieure **(D4)**
⓭ Forum des Halles **(D3)**
⓮ Grand Palais **(C2)**
⓯ Hôtel des Invalides **(C3)**
⓰ Hôtel de Ville **(D3)**
⓱ Institut de France **(D3)**
⓲ Jeu de Paume (Musée du) **(C18)**
⓳ Louvre **(D3)**
⓴ Madeleine **(C2)**
㉑ Musée d'Orsay **(C3)**

㉒ Notre-Dame **(D3)**
㉓ Obélisque **(C3)**
㉔ Observatoire **(D4)**
㉕ Odéon **(D4)**
㉖ Opéra **(D2)**
㉗ Opéra-Comique **(D2)**
㉘ Orangerie **(C3)**
㉙ Palais de Chaillot **(B3)**
㉚ Palais de Justice **(D3)**
㉛ Palais de l'Elysée **(C2)**
㉜ Palais du Luxembourg[Sénat] **(D4)**
㉝ Palais-Royal **(D3)**
㉞ Panthéon **(D4)**
㉟ Petit Palais **(C3)**
㊱ Sacré-Cœur (Basilique du) **(D1)**
㊲ Sainte-Chapelle **(D3)**
㊳ Saint-Eustache (Église) **(D3)**
㊴ Saint-Sulpice (Église) **(D3)**
㊵ Sorbonne **(D4)**
㊶ Tour Eiffel **(B3)**
㊷ Tour Saint-Jacques **(D3)**
㊸ U.N.E.S.C.O. **(B3)**

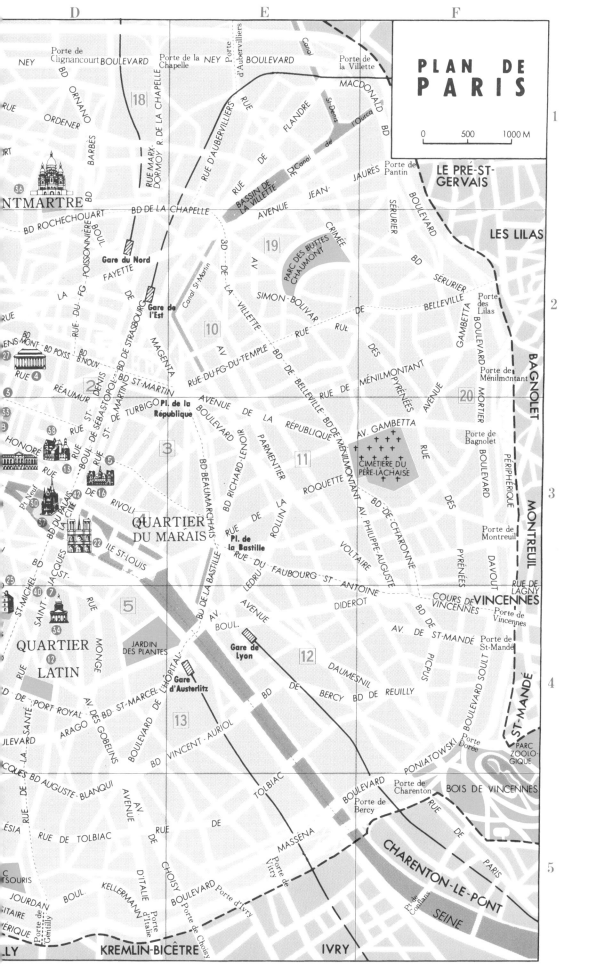